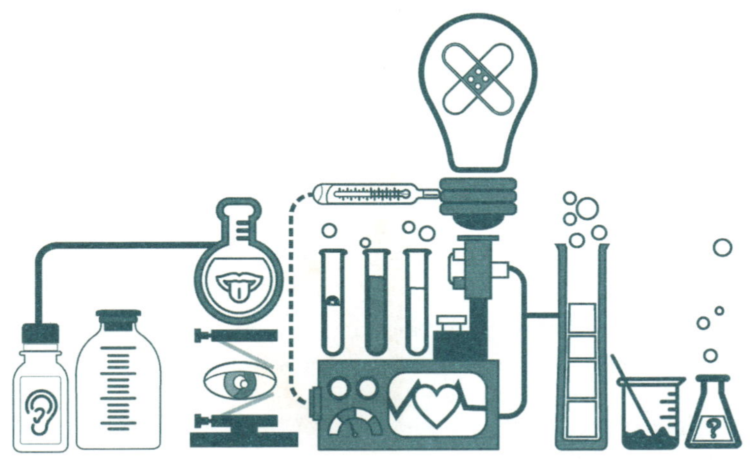

區祥江 著

輔導小百科（增訂版）
作者／區祥江
策劃編輯／伍詠慈
責任編輯／賴百樂　伍詠慈
美術設計／陳詩韻
出版發行／突破出版社
香港沙田亞公角山路33號突破青年村
電話：2632 0000　傳真：2632 0388
電郵：breakthrough@breakthrough.org.hk
網址：http://www.breakthrough.org.hk
http://www.btproduct.com
承印／陽光（彩美）印刷有限公司
2008年1月初版1刷
2009年6月初版2刷
2017年1月2版1刷
2017年11月2版2刷
版權所有 © 2017 突破有限公司

Counselling Companion
by Raymond Au
First Printing, First Edition, January 2008
Second Printing, First Edition, June 2009
First Printing, Second Edition, January 2017
Second Printing, Second Edition, November 2017
Copyright © 2017 by Breakthrough Ltd.
All Rights Reserved
Printed in Hong Kong
ISBN 978-988-8392-35-3

本書經文取自《新標點和合本》，版權為香港聖經公會所有，承蒙允准採用，特此鳴謝。

誠邀閣下就突破出版社的書籍發表意見

歡迎加入突破書籍 Facebook page — http://www.facebook.com/btbooks.page

本書採用環保油墨印刷

生　活　與　輔　導

關懷、連繫、復和、

溝通、對話……

凝視心之脈動，

直到重新尋獲自己的心。

目錄

二、輔導的關係互動

三、輔導的專業技巧

四、輔導手法簡介

五、認識各種輔導類型

自序

眾所周知，香港的生活**壓力**極大，我們容易急躁，與身邊的人產生磨擦。壓力往往來自工作上的困難、家庭成員的相處、或經濟上的負擔。當這些問題迎面而來，我們又缺乏資源去應付，問題就會累積，形成心理困擾。

當我們遇上困難的時候，可以從兩方面去處理。第一，尋求解決方法；第二，找人傾訴，宣泄心中不快的感受。

人生不如意之事，十常八九。曾經歷過不如意事的人，總會在其中領略一些人生道理。若身為基督徒，更會在困境中，尋求上帝的引領和恩典，去面對人生種種的挑戰。

環顧我們身邊的親友，他們都會遇到壓力，同樣地缺乏資源去解決困難，他們也許會找我們傾訴；如果我們能掌握一些輔導知識和技巧，加上作同行者的愛心，定能為身邊的親友，提供一些過來人的指引和情感的支援。

雖然輔導有其專業的一面，但輔導在社會上愈來愈普及，已不像過往般給人高深莫測的感覺，以為只有專業輔導員，才能看透別人的心理。掌握心理學和輔導的知識，不再是少數人的專利。

這本書就是提供一些輔導的基本常識，讓你在幫助身邊親友的時候，多一些助人「小貼士」。

壓力：
詳見〈面對壓力的四項要素〉，頁100。

再版序

事有湊巧，當突破編輯說這本書是時候再版了，問我是否需要增訂時，在一個輔導的專業講座中，遇上一位教輔導的老師，問起我這本書幾時再版；原來這本小書是她給初學輔導的學生的參考書，她正四處張羅如何找到足夠的書給學生。是的，這位輔導老師說這本書內容不艱深，卻在一些基本功和態度上，能給學輔導的人一些指引。沒想過這本小書可以成為一些學輔導的人入門參考，心中滿懷感恩。

近年社會氣氛緊張，容易引發情緒問題，一是心中滿懷煩躁、一是感到前景悲觀，令人情緒低落。人與人之間也因社會政治的不穩和對抗，關係變得緊張，例如在「佔中」的日子，朋友間因政治取態不同，導致衝突和關係割裂，我們似乎都是急於表達多於聆聽，爭拗多於尋找共通可對話的地方。在這人際關係繃緊的日子，懂得輔導有其重要和迫切性，因為我們需要更多和平之子。像法蘭西斯禱文所言：

「使我作你和平之子，
在怨恨之中使用你的愛，
在憂傷之中傳送你寬恕，
在懷疑之中顯出你信實。
使我作你和平之子，
在失望之處帶出你盼望，
在罪惡黑暗發出你的光，
在難過心靈播下你喜樂。」

希望這本小書能增加你帶來寬恕、盼望和喜樂的能力。

增訂本書的過程，編輯提議我多寫一些處境性的輔導應用，例如戀愛輔導、朋輩輔導、職業輔導及自我輔導等有趣的課題，使本書更貼近「小百科」的性質。

區祥江

2016 年 11 月 29 日

引言：輔導與 Talking therapy

什麼是輔導？

「輔導」這名詞被廣泛地使用，原先的意思已變得含糊。你大概在報章也看過什麼「功課輔導」、「升學輔導」、「就業輔導」甚或「減肥輔導」的廣告吧！

「輔導」這名詞翻譯自 counselling，台灣譯作「諮商」或「協談」。專業輔導員為了與其他不同名稱的「X X輔導」有所分別，就稱自己是從事「心理輔導」的。

然而心理輔導也與心理治療（psychotherapy）交替使用，有時會令人感到混淆。心理治療是處理較嚴重的個案如精神分裂、情緒低落等病症，以醫療角度（medical model）來看待求助的人——因為有「心理病」，所以要接受治療。

輔導卻側重於助人解決問題（problem-solving），求助人被困難所困擾，無法解決當前的問題，而輔導者因接受過專業訓練，明白一般人的心理本質及運作，透過與受助者的互信和同行，輔導員能幫助受助者了解自己的強弱和處境，尋找未發揮的資源來幫助自己，可說是一個「幫助人達到自助」的過程。

所以，輔導不是單單提供一些解決問題的建議，若果沒有對問題有透徹的理解，建議的方法通常都不奏效。

輔導也不是啦啦隊，給陷在困難的人「打氣」。因為對方未將纏繞心中的問題放下，如只說一些鼓勵或安慰的說話，只會弄巧反拙。

輔導也不是單單分享作為過來人的經驗：以為我也經歷過類似的困難，當日我用過的方法，對方只要同樣採用，問題就能迎刃而解……每一種解決方案的考慮都不能脱離當事人的處境和個人因素，實在不能盲目照搬。

我認為，輔導者彷彿是一面鏡子，作用是透過細心的聆聽，「反照」求助者的處境，或許他有一些盲點是未察覺的，透過這過程，可讓他看清自己的問題，自然能找到一個較適合解決問題的方案。

Talking therapy

有人稱輔導為 Talking therapy，透過説話帶出治療的作用。或許你會問，「説話」真的有如此巨大的力量？

對香港人來説，Talk 這個字帶點負面的含義。例如，形容一個人沒有實際行動時，就説他「齋 talking」（只説不做），又或者形容一個人只懂得説漂亮門面話，卻沒有實質內容時，我們説他「一味靠 talk」。所以，用 Talking therapy 來形容輔導工作，令人質疑，只靠「説話」真的能助人嗎？

輔導的過程可以用以下的流程來表達：「工作聯盟」(Working Alliance) →說話與對話 (talk and dialogue) →理解自己的經驗 (making sense) →掌握經驗的意義 (controlling the meaning of experience) →能更有效面對生活 (coping better with life)。

當輔導員與受助者建立起良好的**「工作聯盟」**後，受助者便能夠放心地述說自己所面對的問題，這種述說最初可能只是零碎或混亂的片斷，透過輔導員細心的**聆聽**和**「探究」**，使之整合，慢慢理出頭緒。

言語原來有這種力量——輔導員的工作，就是為受助者解釋自己的痛苦。當我們使用說話準確地描寫內心的混亂或痛苦狀況，並給予它一種意義，內心便能安頓下來，也得到安慰。

「工作聯盟」：
輔導員與受助者的互動及互信關係，詳見〈「工作聯盟」〉，頁 58。

聆聽：
詳見〈聆聽談何容易〉，頁 24 及〈「全盤聆聽」與正確回應〉，頁 26。

「探究」：
輔導術語，即發問之意，詳見〈「探究」以經驗作基礎〉，頁 30。

這種「理解自己痛苦的意義」就是治療的所在，我們就可以重拾生命的動力。

我想**《聖經．約伯記》**的記載，也就是這樣的歷程。不過，約伯身邊的朋友，似乎並不是很好的聆聽者，他們不但沒有幫助約伯找到痛苦背後的意義，還不時將他們主觀的理解，放在約伯身上，反而加深他的痛苦。最後，他透過與上帝的對話，才得到真正的領悟。他說：「**誰用無知的言語，使你的旨意隱藏呢？我所說的，是我不明白的，這些事太奇妙，是我不知道的，求你聽我，我要說話，我問你，求你指示我，我從前風聞有你，現在親眼看見你。**」（《聖經．約伯記》42 章 3 至 5 節）。約伯將言語的正反作用，描寫得淋漓盡致。最後，他也是用說話總結了他對上帝的了解，認清自己的無知。

《聖經．約伯記》：
《聖經》舊約經卷之一，作者不詳，寫於公元前五世紀與四世紀之間。內容是約伯與四個朋友的對話及上帝親自的介入，敘述約伯在無辜的苦難中學習謙卑及順服。

一、輔導過程
基本功

面談的時間與地方

在專業的輔導行業裏，有以五十分鐘為一節輔導時間的慣例。一個輔導員可能連續接見幾位受助者，以一小時為單位方便約見的安排，十分鐘的間隙可讓輔導員寫下一些之前輔導個案的重點，或翻閱下一位受助者的檔案，以作預備，稍為休息片刻，便可繼續面談。所以，當一天的約見時間排滿了，若其中一位受助者突然不能出席，對輔導員來說，反而是一種「額外的恩典」，可以喘息一下。至於婚姻或家庭個案，需要處理夫婦或家人之間的互動和溝通，通常就會以一個半小時為一單位。有時受助者需要作危機處理，也可以彈性地將時間延長。一般的個人面談也不應超越兩小時，輔導並非一般傾談，耗上不少精神和心力，過長的面談會使雙方疲累，繼續強行輔導，效果欠佳。

非專業式的輔導，不像專業輔導員每星期都約見受助者。故此輔導時間通常都比較長，但也應以兩小時作上限，比較理想。

面談的地方，專業輔導中心的設計十分講究。良好的隔音、舒適的沙發等都是基本要求。一些輔導員有其個人風格，會用牆紙或掛畫作為裝飾。輔導室的門，通常有一個小小的窗口，要是發生突發的事故時，外面的同事可以透過窗口的玻璃，見到室內情況。這是對輔導員和受助者的保護，即使在私隱的大前提下，危急時也可以破格介入。不少教會牧者的辦公室，也有這種設計。

至於朋友之間的面談，有時候並不容易找到一個有以上條件的房間。幸好近年有一些餐廳，設計寬敞和寧靜，猶如私人空間，例如一些高級的咖啡室或酒店的餐廳，也不失為傾談的好地方。若你的家中有書房，朋友也不介意讓你的家人知道他到訪，這也不失為一處適合面談的地方；但也要視乎面談的內容而作決定，如果不涉及強烈的情緒表達，我想這些非正式的空間，也是可以的；若果要求深入、涉及私隱的話，那就需要一個專業的輔導室了。

非專業式的輔導：
例如朋輩輔導，詳見〈朋輩輔導〉，頁 182。

輔導的三個階段

整個輔導過程，可以分為三個階段。

第一個階段是困難的陳述。當事人遇上獨特的困難，他嘗試去解決，但又無效；或許他的心情、工作表現和人際關係等受影響。這階段主要是聆聽當事人陳述苦況，儘量表達理解和同情。

第二個階段是確立目標。當事人既然想逃離苦況，他有沒有具體的想法？若果問題解決了，新的處境會是怎樣的狀態？例如人際關係上，他希望從一個破損、經常衝突的關係中，轉向怎樣的關係？重修舊好？減少衝突的次數？甚至想要建立比現時更親密的關係？當事人要將自己的目標清楚陳述，才能按目標對症下藥。

《聖經．詩篇》30 篇是一首感恩詩，這類詩會仔細描寫苦況和改變後的景況。以這首詩為例，作者的苦況是因病而被敵人訕笑，痛苦難耐。他獲上帝拯救和幫助後，發出感恩。他這樣形容：「**你已將我的哀哭變為跳舞，將我的麻衣脱去，給我披上喜樂。**」（11 節）從哀哭的苦況到喜樂地跳舞，以輔導的角度來説，他的目標就是從情緒低落的幽谷，重獲喜樂，而喜樂的具體表達是「開心到跳舞」。

在《聖經．詩篇》中，幫助作者的方法是上帝本身；在輔導過程中，這正是**第三階段的重心，就是尋找一些可行的方法和策略，幫助當事人達到目標。**這段輔導期可長可短，若當事人有足夠的能力和資源，只要給他一些對問題的洞見，跟他探索一些可行的方案後，他就能夠自己上路。若是能力不足夠的人，我們可能要按部就班，建議可行方案後，還要陪伴他，看他實踐的成效，並作出調節，直至達到目標。

《聖經．詩篇》：
公元四世紀結集而成，作者是大衛王及其他詩人，藉詩歌向上帝表達讚美、個人情感及祈求。

聆聽談何容易

曾有受助者打趣説，他求助於專業輔導，感到是用錢來買一雙願意聆聽的耳朵。這是現代人的悲哀，因着人際之間的疏離和過分自我，我們竟然在生活中找不到一個願意**聆聽**自己心聲和掙扎的人。

有人也以輔導員聆聽時的口頭禪「唔唔」、「嗯嗯」為笑柄，説輔導員使用這些簡單口頭語，就是最常用的聆聽技巧。言下之意，覺得輔導員除了這些反應，還有什麼本領？

全心聆聽，對聆聽者的要求是極高的。因為我們若不專注聆聽，很容易「人在心不在」，「遊魂」去了。有人研究説話與思想速度的比較，原來我們每分鐘可説一百至三百個字，大腦思考卻可高達八百至一千個字。所以，當説話的人在一分鐘內説了三百個字，聆聽的人還可以有七百個字的思想空間去「遊魂」。特別在雙方衝突的時候，這些思想的空間，就用作組織還擊對方的言詞；又或者一邊聆聽，我們還可以想着之前所發生的事呢！

所以，聆聽者的內心，不作他想；只專注了解說話的人所表達的意思和背後的情感。那些「唔唔」、「嗯嗯」的口頭語，就是向說話的人表達專心聆聽。

一個懂得聆聽的人會讓說話的人充分表達自己，他不會太快回應，或截斷對方的說話。在日常生活中，我們也不時聽到說話的人投訴說：「我還沒有說完！」、「可否先讓我說完，你才回應。」所以，聆聽的人要勒住自己的舌頭，不要太快作判斷，或作不必要的回應。

說話的人知道我們的關注，便會信任聆聽者，知道不會隨便被判斷，他就有勇氣將心底的話、不為人知的秘密也告訴聆聽者。

聆聽：
詳見〈「全盤聆聽」與正確回應〉，頁 26。

「全盤聆聽」與正確回應

當一個求助者向你傾訴的時候，我們要專心聆聽，但我們不要只是作「唔唔」、「嗯嗯」或點頭表示了解的回應，真正的聆聽，是包括全然掌握傾訴者所傾訴背後的情感、思想掙扎和渴想。

在學習輔導的時候，有一公認重要的技巧，稱為同理心（empathy），同理心是指我們進入傾訴者的內心世界，感受他所感受的。在學習同理心的過程中，我們操練的就是「全盤聆聽」，選取傾訴者表達訊息的核心和感受，作出一個令對方感到共鳴的回應。

何謂「全盤聆聽」？就是聽取傾訴者表達背後的多種向度的資訊，共有五項，包括：

1. 整個經歷是怎樣的（experience）

2. 經歷中的感受（feeling）

3. 經歷中有什麼掙扎和想法（thinking）

4. 他曾採取什麼行動來解決困難（doing）

5. 他有什麼渴望（wishing）

為了讓大家掌握聆聽的向度，我選取了《聖經．詩篇》第 6 篇來練習：

耶和華啊，求你不要在怒中責備我，也不要在烈怒中懲罰我。

耶和華啊，求你可憐我，因為我軟弱；耶和華啊，求你醫治我，因為我的骨頭發戰。

我心也大大的驚惶。耶和華啊，你要到幾時才救我呢？

耶和華啊，求你轉回搭救我；因你的慈愛拯救我。

因為在死地無人記念你，在陰間有誰稱謝你？

我因唉哼而困乏；我每夜流淚，把牀榻漂起、把褥子濕透。

我因憂愁眼睛乾癟；又因我一切的敵人眼睛昏花。

你們一切作孽的人、離開我吧；因為耶和華聽了我哀哭的聲音。

耶和華聽了我的懇求；耶和華必收納我的禱告。

我的一切仇敵都必羞愧，大大驚惶；他們必要退後，忽然羞愧。

詩人正**經歷**身體的軟弱或病痛，並受到敵人的攻擊，他不斷向上帝呼求，卻未得到幫助。他憂傷、驚惶，有受責罰的**感受**。他的**思想掙扎**是在等候得到幫助的過程中，懷疑上帝是否責罰他，但又相信上帝一定拯救他；他的**行動**包括禱告、哭泣。他最**渴望**是上帝的醫治和禱告蒙垂聽。最後以同理心的回應是：「你感到憂傷和驚惶，因為等候上帝醫治的過程，實在難熬呢！」

「探究」以經驗作基礎

在輔導的過程中，除了聆聽之外，發問也是十分重要的技巧，輔導術語稱為「探究」(probing)。

「探究」是透過觀察及提問，邀請受助者充分地探討遇到的問題。受助者在情緒帶動下，談及他的問題時，可能會過於含糊。所以，我們要幫助受助者具體地述說自己的問題，尋找一些沒被留意的方法或出路，擴闊受助者的想法。

但我們也不可以不停地發問，連珠發炮，令受助者感到像被人盤問。所以提問與**同理心**要交錯運用，以致受助者不會感到不自然，也明白我們是為了解他的心情和處境，而進行發問。

事實上，發問是一門藝術，懂發問的人，只要提問一、兩條問題，受助者就能自發地回應。其中一個秘訣是多問一些開放式問題，封閉式的問題只會引來一些簡短如「有、沒有」的答覆。開放式問題可帶來受助者的反思和自我探索。例如：「你遇到問題時，有沒有向太太傾訴？」這是封閉式的問題。「你遇到問題時有什麼反應？你曾試過用什麼方法解決？結果如何？」這是將幾條開放式問題連在一起，使受助者有不少發揮的空間回答。

我認為懂發問適切的問題，是與我們人生的經歷相關的。如曾經歷親人去世，我們就曉得去問一些與哀傷之痛以及哀傷過程有關的問題。

所以，成熟和人生閱歷較深的人更懂得發問，因為那些問題是有個人體驗作基礎，知道某些問題的盲點。

例如要輔導夫婦相處的問題，一位單身、未經歷過夫婦間微妙互動的輔導者，是較難透徹掌握該發問什麼，帶動夫婦對相處

同理心：
詳見〈「全盤聆聽」與正確回應〉，頁 26。

問題進深了解。

經一事長一智，我們不可輕看自己的經歷，這都是我們助人的重大資源。在發問有關性愛的問題時，更顯得重要呢！

撮要技巧的運用

多年前輔導一對求助的夫婦，丈夫是一個理性和急性子的人，他跟太太出現溝通的問題，沒耐性聆聽太太零碎繁瑣的傾訴，經常掌握不到太太想表達的重點。有一次，他竟要求太太先撮要自己要說的話，才向他表達，氣得太太鼻孔冒煙。

有時候，我會打趣說，輔導員有一個在人際關係上的優勢，那位丈夫沒耐性聆聽太太繁瑣的分享，正是輔導員的基本技巧——撮要，是將面談時的重要資料，有系統地串連，整理起來使受助者更了解自己的問題所在，協助受助者集中凌亂的思緒和感受，看到眾多事情背後的訊息及主題的論點。猶如閱讀文章，我們也會撮要全篇文章的重點。

受助者述說自己的經歷時，可能會由一件事聯想到另一件事，似乎不相關的事情，卻可能自有它的內在邏輯（inner logic）。輔導員就像一個偵探，要找出冗長的表述背後的主題訊息，並以具體簡潔之詞句，融會成一個比較有條理的主旨。

我們通常在面談的開始或結束時，都會運用撮要技巧，使面談有清楚的方向。

除此之外，有時候撮要技巧，也可以用作檢討面談的進展。例如，在結束時我們會說：「談了那麼久，讓我們看看能否把這些理出頭緒，看來事情的重點可能是……，你希望下一步是怎樣呢？」

或在面談的起頭作引子：「記得上一次你曾提過，不論在工作和感情方面都覺得不如意，不知今天你想繼續上次的話題，或想談其他事情呢？」

若要好好使用撮要技巧，我們真的要倒空自己的心靈空間，有耐性、有條理的將受助者的問題，像拼圖一般，將相關的重點，拼湊一起。透過撮要技巧，協助受助者退後一步，才能看到問題的脈絡和全貌。

掌握問題背後的心理反應

學習輔導的過程中，有兩條不同的進路。第一是掌握不同類型的輔導模式，例如**認知行為治療法、心理分析、家庭輔導**等，每種輔導模式都有一套理解問題的框架和介入方法。認知行為治療法主要是處理一個人在認知上的謬誤或扭曲；心理分析則處理一個人以往未解決的內心衝突，如何下意識地影響今天；家庭輔導則因着不同的系統，如夫婦系統的互動，認為問題不是單向，而是互相牽動的。

另一條進路是掌握問題背後的心理反應，涉及心理常識。例如：面對親人離世，會經歷一個**哀傷過程**，從起初的否認、憤

認知行為治療法：
詳見〈認知治療法〉，頁149。

心理分析：
詳見〈心理分析〉，頁140。

家庭輔導：
詳見〈家庭生活周期〉，頁128及〈家庭治療〉，頁196。

哀傷過程：
詳見〈哀傷輔導〉，頁203。

怒、情緒低落到最後接受失去摯親的事實，並重新投入生活，我們要掌握哀傷過程的心理常識，應在什麼階段介入輔導等。

另一個例子是**壓力的處理**。我們可以將「壓力的處理」分為四個主要因素，包括壓力的來源、對壓力的看法、面對壓力的身心反應、受壓者的個人及社交上的資源等。這四個因素幫助我們了解受壓的人背後的心理，從而進行輔導。我們會了解其壓力的主要來源是什麼？是否壓力太大？哪些壓力來源能剔除嗎？對壓力的看法方面，他是否有不合乎現實的期望，如太看重別人的評價導致他產生壓力，這些看法能否稍為調校，所謂「退一步海闊天空」。在身心反應方面，我們看他有沒有腰痛、背痛或胃痛等由心理影響生理的問題，他是否懂得放鬆自己。最後，個人應付問題的能力，朋友的支援和情緒的抒發是否足夠，都是值得探究的。

心理常識可成為我們助人時的基礎知識。假如我們對這些心理知識或見聞，多感興趣，或作出深入研究，定能幫助我們更有效地輔導別人。

壓力的處理：
詳見〈面對壓力的四項要素〉，頁 100。

挑戰受助者

在開始輔導的時候，我們先了解受助者的困擾，藉此建立彼此的信任和**「工作聯盟」**。然而輔導不只停留在給予共鳴，更要挑戰受助者從局限的想法，轉向一個更現實和全新的角度來面對自己的困境，理解自己的經驗，從而促進處理問題的動力。

一個受問題困擾的人，可能有很多盲點，包括負面的思想、自我限制的行為，或沒有使用自己的資源與能力。

或許一個童話故事能給我們啟示。從前有一隻小象，自小就被馬戲團買下來作表演，馬戲團的人將繩圈套在牠頸項上，並將另一端套在一棵小樹上，牠試圖用力擺脱，但沒有足夠的氣力掙脱出來。

小象漸漸長大，馬戲團的人仍舊將繩圈套在小樹上，牠就乖乖的不會離去。小象的盲點是看不到自己已經長大，變得強而有力，牠被自己過去的經驗所局限，以為不能掙脫繩圈。我們若要挑戰牠，就是讓牠看到這些盲點，並為牠帶來嘗試改變的動力。

當我們挑戰受助者時，要注意自己的態度。首先，我們要肯定自己充分了解受助者的難處和觀點，若未得對方信任，切勿急於運用挑戰，否則對方會感到不被理解。

挑戰受助者時，最好使用探測性的語氣進行，挑戰對方未使用的資源多於對方的缺點，表達也要清晰具體。

假設你要挑戰這頭大象掙脫繩圈，你會怎樣做呢？

或許你可以這樣說：「從前你年紀小，力量小，所以一棵小樹就令你動彈不得，但如今你已經長大，力氣也大，你在馬戲團表

「工作聯盟」：
詳見〈「工作聯盟」〉，頁58。

演時，也可以推動一些重量巨大的物件。我相信，若你有勇氣，一定能掙脫這一條小小的繩索，我猜想你只是沒有嘗試踏出這一步而已。你可知，昨日的你，與今天的你已經有很大的轉變，你已是力大無窮的大象呢！」

弦外之音

輔導的過程是需要進深的，我們不能只停留在一些表面的陳述。

輔導開初，若果雙方的關係不夠穩固，輔導者就揭示受助者的真正問題，受助者會感到不安全，不敢進一步開放自己。

雙方建立信任後，輔導者仍停留在受助者的主觀角度，不嘗試進深探究他的問題，受助者只會停留在自己扭曲不全的世界中，不能跳出自己的限制。

所謂弦外之音，是將受助者說了一半或不自覺暗示的部分，即受助者的真正問題或感受，帶出來作更充分及深入的正面分析，使受助者對問題有真確的理解，這樣才能夠有效地解決問題。

捕捉受助者的弦外之音，有很多不同的切入點。我們可以協助受助者表達隱藏了的聲音及感受，例如：「我猜你的感受不只是失望而已，可能還有被傷害和憤怒的感覺。」

另一個切入點，是在受助者零散的表達中，找出一些重複出現的主題，將一些看似不關連的事物，串連起來。例如：「我發現你跟上司相處的問題，跟你說過成長中，很怕面對權威人物——父親一樣。」這樣，我們就可將受助者與上司的問題，跟其父親的情意結連繫起來。

輔導者回應的時候，也不可以直說出來，應該用推測的口吻，不可太直接表達，好讓受助者有轉圜餘地。

例如一位丈夫在家中愛說笑話，家人不欣賞，他在公司卻大受歡迎，他大惑不解。我們推測他的家人真正需要的是一位認真、肯承擔的丈夫和爸爸，而不是一位逗趣的「小丑」，我們可以說：「你對家人的反應感到奇怪，會不會他們不想你在家裏當笑匠，而是想與一個真實的你相處呢？」這些推測性的回應，是找出弦外之音，讓受助者有新的角度面對問題。

善用「自我分享」

當朋友向我們求助，如果他們面對的問題，正正是自己曾經歷過的，我們便有「過來人」的優勢，可以分享自己如何面對困難的經驗，我們的經歷就成為朋友的借鏡。

人生的閱歷是輔導別人時一項很寶貴的資源，就是成熟的人，即使未受過輔導的訓練，仍然可以有效地幫助別人的原因。

「自我分享」(Self-disclosure) 在心理學上，是一個重要的概念。「自我分享」的多寡會影響朋友之間親密的程度。所以，在幫助朋友時，適量的「自我分享」能增進彼此的關係。但若將自己的私隱，如數家珍的向人傾談，而彼此又未有足夠的信任，這種太多的「自我分享」會帶來反效果，讓聆聽的一方有吃不消的感覺。所以，適當的「自我分享」是一種溝通的藝術。

縱然我們有「過來人」的經驗，覺得分享自己的經歷能幫助或安慰朋友，也要注意以下幾點：

1. **不要讓對方感到他的問題是微不足道。**若他感到「你比他還慘」，這會令他不想再説下去。

2. **不要長篇大論，將自己的經歷説個不休，**向你求助的人才是主角，如你佔據大部分的分享時間，這就本末倒置呢！

3. **分享除了要精簡扼要外，重點應該放在如何跨越這困難，**且絕對不是高不可攀的方法，而是可以給他借鏡，或者能給他一個新的角度面對事情。

《聖經・哥林多後書》1 章 4 節有這樣的教導：「我們在一切患難中，他就安慰我們，叫我們能用神所賜的安慰去安慰那遭各樣患難的人。」

《聖經・哥林多後書》：作者保羅，寫於公元 55 年間，是他對哥林多信徒的教導；和從神學的角度申明自己的職分及服事；另有〈哥林多前書〉。

以上經文給我們提醒，我們可多分享「神所賜的安慰」，信徒有不少經歷上帝恩典介入和扶助的體驗，這是很好的「自我分享」內容。

訂立輔導目標要 SMART

假如一個人缺乏生活目標，他只會終日迷失，做白日夢；在輔導的過程中，受助者若不能確定目標，輔導也會失去焦點，使那些面談彷彿在「遊花園」(失去方向)。

確立輔導的目標，對受助者有很多好處。有清楚的目標能幫助受助者加強專注力，將思維放在可以改變的行動上；也能加強輔導員的動力，一起為目標而奮鬥；目標也逼使我們思考可行的策略，如何達到目標；若目標具體清晰，也會增加我們的毅力，因為知道目標是終有一天可以達到的，當前的困境就可以忍受。

訂立目標時，有一個口訣幫助我們。這口訣由五個英文字的第一個字母組成，稱為 SMART：

1. 具體（Specific）：目標不可以含糊。例如說「改善人際關係」就不夠具體，如能清楚界定為「改善跟某人在哪一方面的相處」，如改善向上司表達意見的技巧，這就夠具體了。

2. 可以量度（Measurable）：若果目標能量化，就能明顯看見進展。例如，孩子的英文默書由五十分提高至七十分就是可以量度的。就算是向別人的要求說「不」，五次中有三次成功，也是可以量度的例子呢！

3. 能夠達到的（Achievable）：若果有人說要在一年之內，由不懂得彈琴到鋼琴八級水平，雖然有可能達到，機會卻十分渺茫。當然，不少人喜歡向難度挑戰，但訂立目標，還是以較易達到為合適。

4. 實際（Realistic）：要達到的目標，是能在實際生活中體現的，這就是可行性。最好是不須符合很多其他因素才能成就的事，也不用扭曲自己的性格才可達到的。

5. 有時限（Time frame）：訂立達到目標的日子十分重要。我們常稱為「死線」（deadline）。「死線」能逼使我們將目標放在一個日程表上，有步驟和時限去完成邁向目標的事情。

SMART 也可用來訂立一些個人目標呢！

適當的跟進工作

當受助者確立了**輔導目標**，並計劃如何實踐目標的方案，輔導的工作，已成功了一半。如果是成熟及獨立的受助者，只要你給他準確的意見，對他所訂立的目標作出一些指引，他們就可朝着目標進發，期間在旁稍作鼓勵，調校他們的策略，那就大功告成，只等待為他們慶祝。

相反地，一些能力較低，或缺乏自信的，跟進的工作就顯得重要。

跟進工作也有不同的進路。有些受助者訂立了目標，卻沒有如期實行，並且表現得十分挫敗，或逃避不能實行背後的原因。這樣的話，輔導者除了要多作鼓勵，還要評估所訂立的目標是否在受助者能力之外，抑或是一些外在環境因素，使他們無法達到目標。如能知道背後的原因，便可以對症下藥。

另外，有些受助者是有實行的，卻未能達到預期的成效；在這種情況，輔導者應先肯定受助者進步的地方，之後，在初步成功的基礎下，檢討有什麼地方需要改進，並重新修訂達到目標的方法。輔導者可以多走一步，為受助者將要遇到的困難，作預防性的討論，讓他們能未雨綢繆，減少障礙。

在跟進的過程，若受助者已有一些成績，我們要將他的成績量化，例如可以運用「刻度問句」(scaling question)，請受助者在 1-10 分的刻度上給自己一個分數，評估受助者的表現離目標有多遠，比方他說是 6 分，我們便可以根據他的情況，若由 6 分進步至 8 分，他需要看到什麼轉變，再要多作些什麼事情，令他能有多兩分的改進。這種刻度問句對跟進的過程極具實用價值。

當受助者的情況得到肯定，我們可以調校每次面談的相隔時間，例如本來是兩週面談一次，可改為一個月面談一次，使受助者

輔導目標：
詳見〈訂立輔導目標要 SMART〉，頁 47。

更獨立面對自己的問題，若成效能持續，我們亦可以考慮結束面談。那麼，跟進的工作就可完成。

跟進工作不可掉以輕心，它可說是輔導成敗的關鍵。

如何結束輔導

輔導總會有結束的時候，結束輔導的準則包括什麼？如輔導是有計劃地結束，以下是考慮的準則：第一，受助者於輔導開始時帶來的求助問題，是否已經解決？原有的心理狀況是否已經轉變或消失？第二，受助者於輔導期間出現的問題，是否已經得到足夠的處理。結束輔導的具體安排，在於如何處理最後一次的面談。

合宜的結束對受助者及輔導者都有正面的影響。在輔導結束前的數星期，輔導者要有計劃和積極的心理準備。

最後一次面談開始，輔導者總結受助者的求助問題與輔導過程中發生的重要事情，點算成果，然後邀請受助者回憶這些事項，分析輔導中的各種細節。這樣可以鞏固受助者的學習和成長的地方。

預測受助者可能會故態復萌及 / 或將要面對的困難，對他們極有幫助。當然，這一直是自相矛盾的步驟。首先，請他們找出將會重現的問題，協助他們看清問題的全貌，然後請他們預算可能會出現的困難，包括來自環境或個人的轉變，最後以有效的討論，指導他們面對因生活階段發展而有機會引發的困難。

接近尾聲的時候，最好詢問受助者覺得輔導中哪個部分最有幫助，哪個部分成效最弱。

最後，輔導者應向受助者解說自己在過程中的得着。每位受助者都是獨特的，都會教懂輔導者一些、甚至很多的道理，找出這些得着，從而加以發展，是輔導者的責任之一。表達自己在輔導中的得着，不但有助個人成長，也能避免受助者在輔導結束時感到罪疚，以為要結束一段重要的感情關係。

面談結束之前，應向他們表明這不是結業禮，他們可以隨時回來，三、四個月後再作跟進亦是好事。這樣的指導加上表示歡迎的態度，為最後一次面談畫上避免尷尬而正面的句號。結束輔導總會有一些不捨的感受，我們應正面表達這些不捨，且視之為正常和自然不過的事。

二、輔導的關係互動

「工作聯盟」

輔導者與受助者之間的互信及密切關係，直接影響輔導的成效。這種關係稱為「工作聯盟」，在起初三次面談便要建立起來。

心理學家 Bordin 提出「工作聯盟」的三個元素，得到廣泛採納：

1. **輔導者與受助者對輔導的目標是否有共識**：這包括對受助者的問題是否有共同的理解、他們要互相協調，議定目標。「道不同，不相為謀」，這是基本合作的大前提。所以，輔導者要細心聆聽，不可將自己的意願加諸受助者身上。

2. **除了有輔導的目標，他們也要協定達到目標的方法**：包括輔導者提議的出路及步驟，對受助者是否重要？是否真的有幫助？

3. **以上兩項都跟「工作」有關。第三項跟「聯盟」有直接關聯**：這就是雙方發展一種緊密的連繫。受助者對輔導者的能力是否有信心？他們之間有沒有信任？受助者有否感到輔導者對他個人的欣賞？或說雙方彼此有沒有好感？

人際的互動相當複雜和充滿趣味，一個老練的輔導者也不能保證跟每一個受助者能建立良好的「工作聯盟」，人與人之間總會有一些「化學作用」，或說是**移情**（Transference）或**反移情**（Counter-transference）的作用。但輔導者的基本素質如**同理心**、熱誠、尊重、可被信任等，都是我們要培養的。

「工作聯盟」其實也可視為與上帝的同工，**《聖經．哥林多前書》**3 章 9 節：「因為我們是與神同工的，你們是神所耕種的田地，所建造的房屋。」最重要建立的「工作聯盟」，是與上帝同步、了解上帝在那些受

移情：
詳見〈移情作用〉，頁 61。

反移情：
詳見〈反移情作用〉，頁 63。

同理心：
詳見〈「全盤聆聽」與正確回應〉，頁 26。

《聖經．哥林多前書》：
作者保羅，寫於公元 54 至 55 年間，針對當時哥林多教會內部的問題，提出處理的方法。

助者身上的心意，想如何「耕種」和「建造」，我們須貼近上帝的心意，也讓受助者與上帝建立直接的「工作聯盟」。那樣，受助者能找到出路的機會，就更大了。

移情作用

人際相處中的**移情作用**，是一個普遍的現象，我們將一些過去對某些人的情感，轉移在眼前人身上。例如，父親比較嚴肅，我們可能會將這印象投射在一些權威人物身上，如我們的上司，但其實他可能並不是我們想像般嚴肅。

在輔導過程中，若受助者的問題是牽涉一些人際之間的衝突，除了了解衝突的來龍去脈，或一些事實的證據之外，也應提問受助者有沒有遇過類似的人物，他當時的感受如何；有沒有一些過敏的反應，是將過去的經歷，轉移到今天的處境，要協助受助者分辨兩者之間的分別，希望他能透過這分辨的過程，減少一些過敏或不必要的負面感受。

移情作用：
另見〈反移情作用〉，頁63。

例如一位男士在少年時曾被一些好説是非者當眾指出他的弱點，他感到羞恥和自責，且認同這些人的批評。他十分自卑，慢慢表現出自我防衛，花上不少精力，去想別人的不是，儘量找出別人的弱點，以平衡內心的不安。這些少年時期不快的經驗，令他在新的工作環境，十分介意別人的評價，也落入這種抹黑對方來平衡自己過敏的反應。

故此，除了幫助他分辨這些人的共同特點，我也鼓勵他選擇一些正面和積極的反應。例如，接受對方的批評，可能真是自己的弱點，而自己也有其他不同的優點，不需要全盤否定自己。

另外，我也會幫助他正視自己的羞恥感。當他的弱點被別人揭露，便要找方法掩蓋，有人會發奮圖強，透過努力改善自己而擺脱這種羞恥的感覺。

這種移情作用的探索，是了解人際衝突的一扇窗口，給我們了解受助者問題的根源所在，透過選取一些積極的方案，來超越過去過敏及負面的反應。

反移情作用

反移情作用是移情作用的另一面，像一個硬幣的兩面。其中一種移情作用是受助者對輔導者的情感投射，反移情作用則是輔導者對受助者的情感投射。

反移情作用的概念來自**心理分析**（psychoanalysis）學派，這是專業輔導員必須面對的問題，在這學派的訓練中，輔導員先要接受長時間的心理分析，剔除他自己一些不健康及無意識的情感，以致不會將這些情感，投射到受助者身上，妨礙輔導的進程。

近年輔導界將反移情作用分為主觀、客觀兩種。主觀的反移情作用是源於未解決的感情衝突。例如，一位女性輔導員對一位

反移情作用：
另見〈移情作用〉，頁 61。

心理分析：
詳見〈心理分析〉，頁 140。

作為父親的受助者，有一種過敏的憤怒，這可能是她與自己父親未解決的情意結有關，例如她未得到父親的愛顧，導致每當她有少許不稱職的表現，就會對自己產生強烈的憤怒。這種源於輔導員過去而生的情感，便屬於主觀的反移情作用。

客觀的反移情作用則不然，這是出於受助者的表達，使與他接觸的人有相近的感受，除了輔導員有這種感受，原來其他人與受助者接觸，也會有相同的反應。例如，一位容易自憐的受助者，經常扮演一種有病的角色（sick role），想惹人憐惜，卻弄巧反拙，令身邊的人對他產生抗拒。若輔導員有這種抗拒的感受，他又了解不是他的主觀感受，受助者身邊的親友也有類似的感受，那麼輔導員就可以善用自己的反移情作用，將這種情感反應，作為反省受助者與人相處的回應，讓他知道為何這麼多人對他有抗拒的感受，輔導員用自身的感受，作為輔導的介入助力。

輔導關係有這些微妙的互動關係，我們要有反省及自覺的能力，也要有勇氣檢視自己的情感反應，分辨客觀與主觀反移情作用的源頭，並作出適當的回應。

助人背後的動機

俗語有云：助人為快樂之本。

然而助人背後，可以有很多不同的動機。有些人的動機是健康的，另外一些卻隱含危機；當我們在輔導別人時，也同樣要檢視自己的動機。

助人最大的喜樂是看到別人得到幫助，感到自己所做的有影響力和果效。正如一個小故事所言，一位路人將海邊的海星擲回大海，有人便問他，沙灘有無數的海星，你能將所有海星都擲回去嗎？這位路人説，即使我不能改變世界，我為手上的海星帶來改變就足夠了。

不少人是為着報恩而參與輔導工作，因

為一次受助的經驗，不知如何回報，就將這種助人的美德，薪火相傳。

一些人甚至是視救人為己任，將別人的心理包袱擔在自己的肩頭。結果弄得心靈枯乾和乏力，只顧別人而沒有好好照顧自己，這種助人的動機就令人擔心。

也有一些人覺得別人需要自己（the need to be needed）。每個人都有這方面的需要，使自己感到重要和被肯定；但這需要若放大了，我們便很想從受助者口中，獲得讚賞和滿足，否則我們就失去價值。這會阻礙我們學習放手，讓受助者不需要倚賴自己。

還有一些人認為自己滿有能力，助人為他帶來不少「高人一等」的感覺。但不要忘記，我們只是**「負傷的治療者」**（Wounded healer），我們能幫助人，因為我們曾受幫助。

最後，有一些人對於每樣事情都有自己的見解和答案，很想與人分享，甚至要求受助者採納自己的意見。這樣會扼殺了受助者尋索適合自己處境的答案。

以上種種助人背後的動機，都需要多加注意。

「負傷的治療者」：
詳見〈負傷的治療者〉，頁68。

負傷的治療者

負傷的治療者是一個相當流行的觀念，形容輔導者是一個背負創傷的治療者。因經歷過創傷，故能對受助者抱有一份**同理心**，知道及正視傷痛的心理反應，得到醫治後，他就可作受助者的嚮導，幫助受助者面對自己的創傷。反過來説，輔導者若不正視自己的創傷，他就會不自覺地將自己的創傷，投射到受助者身上。所以，有質素的輔導訓練通常會要求受訓的輔導學員先接受輔導，處理自己的問題後，才有能力去幫助他人。

然而負傷的治療者的觀念，也可以應用於輔導者與受助者的互動。原來每人心中或多或少都有傷痛之處，以及想康復和自我治療的傾向；傷痛與治療往往集於一身。若輔導與受助雙方都以傷痛的一面來接觸，雖然可以引起對傷痛的共鳴，但亦有可能彼此激化和放大傷痛的情況。

若輔導者以治療一面與受助者傷痛的一面來接觸，輔導者成為單向的拯救者，為受助者的傷痛負上全部的責任，忽略了受助者心中也有自我治療的一面，這會形成不平衡的接觸，只會加重受助者對輔導者的倚賴，這也是不健康的。

我們若接受雙方都同時有傷痛和治療的一面，當輔導者與受助者兩者相遇時，受助者就不會過分將輔導者理想化，輔導者也不會認為受助者沒有自助能力。

輔導者只是一個同行者和先行者，不美化或神化輔導者，也不貶低受助者的能力，這樣才能帶出治療真正的力量。

作為基督徒，我們相信上帝的靈是最終的同行和治療者，祂在輔導與受助者雙方心裏同作安慰和鼓勵的工作。畢竟輔導者的知識和技巧也有其局限的地方。

同理心：
詳見〈「全盤聆聽」與正確回應〉，頁 26。

受助者的三種心態

當我們幫助別人時，了解受助者的心態是十分重要的。**「尋解面談」**（Solution-focused therapy）對這問題有很好的討論。這理論將受助者的心態分為三種。包括訪客 / 接待（Visitor / Host）、投訴者 / 同情者（Complainant / Sympathizer）、顧客 / 顧問（Customer / Consultant）。

輔導員要因應受助者的心態，作他的接待者、同情者和顧問。

當受助者是「訪客」

在婚姻輔導中，容易出現一種不平衡的現象，就是其中一方不覺得需要接受輔導，他 / 她的出現可能是被迫或作一次的應酬，他 / 她會告訴輔導員不覺得夫婦關係出現問題，即使有問題，都不是自己導致的，且認為輔導是不能解決的。輔導員會認同「訪客」的看法，像一個接待客人的主人一般，歡迎及認同他 / 她，在面談中，儘量尋找「訪客」真實的需要，將其角色由「訪客」轉成「顧客」。

以下是對「訪客」一些可以運用的問題：

「是誰的意思，要你來找我？」

「你如何理解那人，他 / 她為什麼要你來見我？」

「你認同他 / 她的看法嗎？」

「有人說你是問題所在，可是真的？」

「你想有什麼事發生，好讓你不再需要來找我？」

這些對話的目的是給「訪客」一種肯

「尋解面談」：
詳見〈「尋解」輔導〉，頁152。

定，他 / 她願意來已經很難得，若能指出一些他 / 她個人感興趣或需要的東西，便有機會再來。

當受助者是「投訴者」

「投訴者」的角色也十分普遍，當夫婦關係出現問題，受助者在痛苦和憤怒的情緒之下，很容易落入一種「是對方令我這樣」的想法，是對方的責任，只要對方改變，問題就會消失。輔導員應儘量表示同情，但主要指出「投訴者」有一些地方，是受自我所控制的，並不是完全受對方影響。輔導員表達同情之餘，應努力幫助「投訴者」看到關係上正面的東西，助他轉移到「顧客」的角色。

以下兩條問題可以挑戰「投訴者」：

「事情本來可以很差勁，但並沒有發展到這種地步，你可有留意到你的配偶有什麼可取的地方？」

「假如你的配偶不會作什麼改變，你會怎樣做？」

當受助者是「顧客」

當夫婦看到他們渴望的轉變是有可能發生的，願意開始為美好的未來而努力，他們就是以「顧客」為定位接受輔導，輔導員便可開始作「顧問」的角色了。

不情願與抗拒

即使出於美善的動機去幫助人，但不是所有人都會領情。有時候接受別人的幫助並不是一件易事。

不願意接受幫助可分兩種：不情願和抗拒。不情願（reluctance）是出於受助者的心理因素，例如受助者認為求助是羞恥的、害怕改變，又或對人缺乏基本的信任。

在求助的男女比例上，男性經常都維持在極低的比率，**男性較少求助**也是源於男性在性別角色上的衝突，男性看重權力和地位，較少向人流露感受，這也是他們害怕接受幫助的背後原因。

另一種就是抗拒（resistance），抗拒是在彼此互動的過程中產生的，當受助者感到自己對輔導者產生倚賴；或在討論一些問題時，彼此的觀點有別而產生角力；又或傾談的地方有太多騷擾，受助者便會產生抗拒，另有一些受助者是被迫來見輔導的，那種抗拒就更大。

不情願和抗拒都是十分平常的，捫心自問，若自己有問題的時候，也不是即時找人幫助，我們也有一些難言之隱，不情願向別人傾訴，我們要接納受助者的抗拒是人之常情。我們盡自己的本分，創造一個安全和自由的空間，彈性地面對受助者的抗拒；或許像前文提及**受助者的三種心態**，我們幫助一些「訪客」或「投訴者」式的受助者，找到一些解除抗拒的方法，讓他們感到輔導對自己的好處。

作為輔導者，需要檢視有沒有不接納他人的態度，令受助者不願意接受我們的幫助；或檢討自己的輔導技巧是否未能有效地幫助受助者。

男性較少求助：

參看〈鼓勵男性求助的策略〉，頁 76。

受助者的三種心態：

詳看〈受助者的三種心態〉，頁 70。

鼓勵男性求助的策略

男性很少向人求助的行為表現，似乎是眾所周知的。日常生活中，如迷路時不向人問路，或身體不適卻拒絕求醫。

昔日在突破輔導中心工作時，每年都要對受助者作人數統計，求助的男女比例，經常維持在 3:7，或許經過多年在心理健康的推廣，男性求助的比例已經略有上升。

不求助不等於沒有問題，社工界也慨歎，最需要接受輔導服務的，卻最難接觸。以婚姻個案為例，婚姻是夫婦二人的事，但先求助的往往是女性，能夠邀請當事人的丈夫參與，對輔導成效有決定性的影響。可惜，能夠接觸丈夫參與輔導的成功率偏低，輔導員時有一種「隔山打牛」的困擾。

所以，理解男性求助的行為模式，並有效地給予他們適當的輔導服務，是不少輔導工作者的關注。男性在什麼情況下會樂於求助？學者有以下的結論：當男性認為他的問題是正常的；不構成男性自我（Ego）的威脅，得到幫助後有回饋的機會；輔導員的成熟和接納；得到他所在的羣體認同，並且不會感到求助會帶來重大的損失等。

鼓勵男性求助，我們應給予求助一個新的定義。男性很看重自己要有勇氣，若我們覺得能面對問題，是一種情感勇氣（emotional courage）的表現，是強者的表現，這種對輔導**重新給予框架**（reframing）的做法，可以是一個很好的入手點。

另外，若男性已踏出第一步，走進輔導室求助，輔導者也可以減少他們過早中斷接受輔導。以下的做法可幫助男性適應輔導的過程：

重新給予框架：
詳見〈給予一個全新的框架〉，頁 97。

1. 正面了解他們害怕接受輔導的原因，認同他們對求助有矛盾的感受，是正常的反應。

2. 可先讓男性了解輔導的過程，包括任務和目標（task and goal），若他們不善表達情緒，要給予足夠時間和安全感，才進深探討他們情緒的鬱結。

3. 讓男性了解輔導過程是在一個平等、不是低人一等的位置下進行。輔導員要強調這是一個協作的過程。若得不到他的合作和同意，輔導員是不會強行做一些違背他意願的事，而令他有一種受操控的感受。

對於輔導員來説，多了解男性求助的障礙，可以增加我們對男性受助者的接納。原來他們要跨過多重障礙，才來到輔導員的面前，輔導員要肯定他們的努力。

* 本文部分內容摘錄及改寫自《男性輔導新貌》頁 105-106、115-116。

保守秘密的微妙界線

每個人內心都有一些秘密，這些秘密通常是人性陰暗的一面，怕被人知道帶來羞恥；但自己一直保留這些秘密，也會帶來心理上的沉重。原來我們心底的秘密要等待一個既安全又被接納的空間，讓我們卸下，讓人分擔這重擔。

私隱怕被張揚，而保守秘密（confidentiality）是輔導的一項專業操守，所以不少人尋找專業輔導，而不找一般朋友或教會朋友傾訴。在專業輔導中，有兩種情況是不須要持守保密的。其一是受助者有自殺的意圖，我們通常會告之受助者，將情況向其家人交代，為要確保受助者的生命安全；其二是受助者有傷害他人的意圖，若在輔導過程中得知受助者打算傷害他人，我們除了勸告受助者，也要通知有關人士，以免發生性命危險。

有時候也會出現灰色地帶，例如在婚姻輔導中，當一方單獨面談時，告訴輔導員有婚外情，他/她又不想給配偶知道，這情況會令輔導員處於兩難之間。若是保密，會阻礙他們婚姻問題的處理，這種隱瞞對輔導雙方之間的互信，也構成負面影響。

假如你是教會的**青少年團契導師**，有不少年輕人將他們的秘密告訴你。例如濫用藥物、婚前性行為等，你要為他們保守秘密嗎？什麼事情是需要告訴教牧同工？什麼事情要告訴他們的父母呢？這確是不容易的決定。

或許，有一些原則和方法是可以考慮的。一般信徒需要跟牧者有默契，知道什麼類型的事情，是他們不能獨力面對的，便要告訴牧者，得到牧者的保護、提點和支援是需要的。我們也要讓年輕人知道，我們有責任向牧者交代。另外，我們應該與年輕人分析公開秘密的利弊，讓他們選擇，也鼓勵他們主動向重要的對象交代。

青少年團契輔導：

有關在教會進行輔導，可參考〈教牧輔導〉，詳見頁155。

即時的對話

專業輔導室內，可以是一個實踐人際關係的場地。受助者與別人相處的習慣，也會在輔導的過程中，自覺或不自覺地表現出來。所以，輔導員應該多留意受助者在這過程中的表現，這可以是受助者最佳的學習和反省人際技巧的機會。

輔導過程中的對話是即時性（immediacy）的，輔導員與受助者就目前面談的過程中，進行一種立即的、開放的和坦誠的討論；目的是鼓勵直接對話，讓輔導員與受助者產生聯繫，並幫助受助者建立人際技巧。

當輔導的過程失去方向時，即時的對話可以這樣表達：「我感到我們的傾談似乎失去了方向，不如我們停下來，找一找原因？」

或許，輔導員感到關係出現不信任或緊張的氣氛，可即時說：「我感到我們之間好像出現一些緊張的氣氛，讓我們看看背後的原因，好嗎？」

輔導的關係是十分微妙的，有時候也會出現兩人關係的**界線問題**。例如，過分的依賴或吸引的處境。

在婚姻輔導中，輔導員要特別小心，例如一位男性輔導者，正幫助一位太太面對不快的婚姻，受助的太太，容易將自己的丈夫與男性輔導員作比較，甚至過分依賴輔導員。作為輔導員，要有勇氣和智慧，恰當地幫助受助者檢視界線的問題。或許他可以這樣說：「我們約見了一段時間，我了解你在婚姻中所受的委屈，你也期待丈夫回轉，但我漸漸發覺，你似乎將解決問題的責任，當作是我的責任，而不是你主動去改善，不知你的看法如何？若我對你有誤會的地方，也請你坦誠分享。」

界線問題：
可參考〈保守秘密的微妙界線〉，詳見頁 79。

即時的對話，有時候會觸及一些敏感話題，輔導員要用試探性的口吻表達，不要說得太直接，應讓受助者有回應的空間和「下台階」。如果這些即時的對話使用合宜，定能提升受助者在人際關係上的自覺能力。

輔導員的成長歷程

雖然近年非專業的輔導者不斷增加，有研究數據顯示成熟人士，加上基本的輔導訓練，他們也可以發揮不錯的輔導成效。不少熱線輔導或**朋輩輔導**的義務工作，也是肯定非專業輔導的價值。

無論專業與否，每個輔導員都需要九個階段的成長歷程：

第一階段是受訓期。輔導員「初哥」，總會擔心自己是不是「好材料」，能否不斷成長。

第二階段是英雄崇拜期，見識輔導行業內的大師，就幻想自己能像某位著名的輔導員那樣出色就好了。

朋輩輔導：
詳見〈朋輩輔導〉，頁 182。

第三階段是驚歎期，初踏進輔導室，也將所學應用在受助者身上，竟然得到正面的回應，發現自己也可以幫助人，心中有一份驚喜。

接着是**第四階段的勝任期**，多了接觸不同的個案，臨牀的經驗也增多，知道自己在做什麼，為何這樣做。

這樣，輔導員就進入了**第五階段的黃金期**，他知道自己真正勝任的地方，自信心也確立起來。

但黃金期過後，接觸失敗的案例也不少。有時候，看見受助者情況轉壞，來到**第六階段的懷疑期**，質疑自己是否真的可助人。

若這階段沒有突破，可能會進入**第七階段，輔導彷彿只是一份工作、一份責任。**面對受助者，失去真摯的憐憫，這也是枯竭的表徵。

這時候，輔導員進入**第八階段，需要尋找一些更新的機會。**不論是休息、進修，找一些前輩傾訴，甚或尋找輔導。

若重拾對輔導工作的熱誠，他就能夠到達最後的**第九階段，就是成為一些新入行者的導師**，傳遞經驗，建立師徒關係。

輔導員亦是普通人，他也要經歷成長期不同的起跌，沒有人能一帆風順，不用經歷成長的障礙或停滯不前的階段。

這也是成長的可貴之處，走畢全程，便可成為別人的模範，他人成長的指引者。

成長五部曲

受助者擺脫困擾的過程，正好像成長的不同階段。曾經看過一篇名為 Five Short Chapters 的文章，作者 Portia Nelson 很有心思地將一個人成長的心路歷程和轉變刻畫出來，意譯如下：

第一章

我走過一條街，
街旁有一個很深的洞，我掉了進去，
我迷失……我無助……
這不是我的錯。
我花了數不清的時間，才找到出路。

第二章

我走過同一條街道。

街旁有一個很深的洞，我假裝看不到它。

我再掉進去。

真是難以相信，我竟掉在同一處地方，

這不是我的錯，

但我仍花了很長的時間走出來。

第三章

我走過同一條街，

街旁有一個很深的洞，我看見它仍在那裏。

我照常掉進去……這已是一個習慣。

我的雙眼是張開的，

我知道自己身在何處，

這是我的錯，就立即走出來。

第四章

我走過同一條街，

那裏有一個深洞，

我繞道而行。

第五章

我走到另一條街道。

這五章成長的路徑，是描述一個受助者對自己問題的意識，然後承認自己的責任，並努力擺脱再墮入同一個問題的慣性，最終成為一個自由的人。當中可能要來來回回數次，才能成功進入下一個階段，最終走到第五章的結局。

三、輔導的專業技巧

尋找問題背後的主題

俗語有云：「我們不是要捉魚給人吃，而是教人如何捉魚。」

在輔導的時候，我們不是只解決當前單一的問題，而是要幫助受助者找到問題背後的「主題」，因為主題是可以在不同的場景浮現出來的。尤其是在人際衝突中，我們常找到一些反復出現的主題，找到這些主題，我們才可以「對症下藥」。

有一個分析主題的架構，名為「核心人際衝突主題」，當中有三個元素，包括在人際互動中的願望（wish，簡稱 w），預計或實際得到別人的回應（Response from the other，簡稱 Ro），以及自己的回應（Response from the self，簡稱 Rs）這包括一些行動或情感的回應。

例如，一個辦公室助理的工作位置比較公開，不少人都可以進入，他自覺人微言輕，對於上司或一些顧客闖進他的工作空間，敢怒不敢言。他的願望（w）就是可以有一個受保護不被侵擾的空間，但他認為自己職位低微，害怕別人拒絕他的願望，預計別人不會理會他的感受（Ro），因此十分不快，並以一些間接的方法，如故意製造噪音，或令到別人工作不便，甚至露出難看的臉色，讓別人儘快離開他工作的空間（Rs），且在不同的人身上，重複出現這種做法。所以，這可說是他在人際衝突上的主題。

這個辦公室助理的反應，一方面是男士**不善表達**；另一方面是因為他**自卑心理**使然，他不相信別人會尊重他的私人空間。

找到這個主題之後，便可以針對他不善於處理自己不滿的情緒，以及自卑的問題作跟進。其實不滿的情緒可以有較健康的表達方法，不須使用一種被動的攻擊（passive aggressive）來表達。另外，雖然他覺得自己人微言輕，但假如他的工作效率確實受影響，他也可以向上司申訴，以致不會將冤屈的情緒壓積累心頭，工作表現欠佳而被上司責罵，未能作出合理的自我防衛。

給予一個全新的框架

最近跟一位從事電腦系統行業的朋友聊天，他為了一個過時的系統而精神緊張，他害怕電腦系統失效，就會影響整間公司的運作。一年前曾發生系統失效的情況，幸好他能在短時間內修復。這次成功的經驗，反而成為焦慮的源頭，若電腦系統再失效，而他未能及時解決，不知道其他同事或上司，會如何評價他的工作能力，結果令他失眠，且要看精神科醫生，情況令人擔心。

這位朋友知道現有的系統需要升級或更換，但本年度的公司財政預算沒有這筆費用。所以，他只好用盡方法，使這老化的系統繼續正常運作。

我們每個人看事物都有自己的視點或角

度，像一個相架框一樣，我們看到的現實會受我們一些固有的框架限制。有時候，問題得以迎刃而解有賴一個全新的框架，換了一個框架，本來的問題可能便不再是一個問題呢！

跟他傾談期間，我腦海中浮現了一些與他問題相關的比喻，這些比喻不單能具體地描繪他的困境，也能夠給他一個新的框架來看問題。第一個比喻是他好像一件破爛的衣服，左縫右補，所花的心力都是得不償失。

我也用人腦與電腦的價值作個比喻，他花盡腦汁來維持一部破舊的電腦系統正常運作，人腦卻在這個過程中嚴重受損。因着公司沒有為更換系統作預算費用，就害怕提出更換系統，代價是要自己花錢去看精神科醫生；而且因失眠而減低了個人的工作效能，也是可以用金錢來計算的。這個「人腦與電腦」的比喻，給他一個新的框架面對事情，人腦一定比電腦寶貴，他增強了向上司提出更換系統的勇氣。

再者，他為電腦系統會否失效而操心，彷彿全是他的責任，一個人支撐一個電腦系統，似乎太「偉大」了。

對於電腦系統失效，我也給他一個新的框架看待，他覺得失效是壞事，是能力不逮。然而一個系統用了七年，更換在所難免。電腦失效反而是一件好事，失效次數愈多，愈能證明它已經老化，需要及早更換，他應該為「失效」而開心，而不是憂心。

「框架」是一種十分重要的輔導介入技巧，大家不妨為**自己的困難**，更換一些新的「框架」來面對呢！

自己的困難：
可參考〈自我輔導〉，詳見頁 178。

面對壓力的四項要素

如何面對壓力？最好從它背後的要素入手，可以引伸出消除壓力的方案：

1. **壓力的來源**：包括生活節奏、經濟壓力、工作進度，以及人際之間的衝突等等。我們要了解壓力從何而來，最徹底的解決方法，當然是離開壓力的源頭，例如申請破產來解決債項的壓力、辭職遠避公司的人事鬥爭、或透過時間管理的技巧，減低工作時間的催迫，這些都是切實面對壓力來源的方法。

2. **面對壓力的看法**：在同一樣壓力的處境之下，樂觀的人會抱着「天跌下來當被蓋」的心態面對，另一些人卻「船頭驚鬼，船尾驚賊」，他們對壓力的看法，直接影響他們對壓力的反應。

面對這方面的壓力問題，先要糾正當事人的負面思想。對於基督徒來說，可用上帝的眼光來看待壓力，筆者發現不少信徒，透過《聖經》的經文勉勵，扭轉這些負面思想。我們若將經文記在心中，當困境臨到，這些經文幫助我們面對壓力時仍可思想積極，或可得到應付壓力的提示（cue）。

3. **身體對壓力的反應**：當我們受壓時，腎上腺素上升，肌肉緊張，久而久之，形成腰部、背部、頸部疼痛的現象。不少減壓的方法都是針對身體反應而設計的，例如肌肉放鬆練習、按摩、泡溫泉等。這些方法可收即時的效用，但「治標不治本」，只要返回充滿壓力的處境，肌肉又會再次收緊。最根本的做法，還是要調校我們面對壓力的看法。

4. **面對壓力的支援系統**：朋友的支持，能增強我們承受壓力的能力，這種情感上的承托，可以透過説話分享來減少壓力。與人分擔壓力，女性比男性擅長；一個人是否願意**「自我分享」**，與心理健康有莫大關係，也由此推論女性的心理健康比起男性為佳，男士在這方面應要向女士學習。

基督徒則可以透過禱告，將自己的憂慮卸給上帝，**《聖經・腓立比書》**4 章 6 至 7 節有這樣的鼓勵：「應當一無掛慮，只要凡事藉着禱告、祈求和感謝，將你們所要的告訴神。神所賜出人意外的平安，必在基督耶穌裏，保守你們的心懷意念。」

「自我分享」：
詳見〈善用「自我分享」〉，頁44。

《聖經．腓立比書》：
作者保羅，在獄中完成此卷書信，寫於公元53至62年，分享信仰經驗，以及對喜樂和生活滿足的領會。

處理衝突的步驟

人際之間的衝突，十分平常。不論夫婦、兒女、同事或朋友之間都可能出現不同的衝突。雙方不同的需要、對事物的看法或溝通的誤會等都是引致衝突的原因。為人排難解紛不是一件易事，不過，我們若與衝突雙方有一份信任，可以透過以下的步驟，化解衝突：

1. **合適的時間與地方**：選擇一段充足的時間，一處沒有騷擾及雙方都感到舒適和安全的地方進行討論，以合作的態度解決問題。

2. **澄清雙方對衝突的看法，明白雙方行為背後的原因**：衝突是由單一事件或連串事件所引起？是否肯定這衝突與對方有關？抑或是因自己內心的矛盾所引致？雙方各自在衝突上應付上什麼責任？對方有沒有一些對自己的誤解？自己有什麼行為令對方有這樣的誤解？同樣，自己有沒有一些地方令對方誤解？有沒有太早為對方貼上「標籤」(stereotype)？雙方有沒有刻意或不經意地攻擊對方的弱點或曾受創傷的地方？

3. **不翻舊帳，認清一些未了結的事情**：想想有沒有一些過去發生而未曾解決的事情，形成或助長了今次的衝突？回顧過去的目的，並不在於翻舊帳；應抱一個探求的態度正視過去，處理一些未了結的問題。

4. **表達雙方的需要**：哪些需要被對方忽略了？若得到滿足的話，衝突會否一掃而空？有沒有讓對方了解自己的需要？當明白雙方的需要，作出認真的考慮，雙方的注意力應放在尋求解決方法的方向，着眼未來，不要被過去的不快阻礙處理衝突的進程。

5. **尋求雙方滿意的方案**：雙方不堅持己見，嘗試明白對方的需要，尋求可行的方案和出路。要考慮這些方案是否公平，能否滿足到雙方的需要？是否有能力實踐這些方案？這些方案能否改善雙方未來的關係？方案要得到雙方接納，才能在未來的歲月中化成現實；重要的是雙方都願意承諾將方案付諸行動，並定期評估方案的果效。

角色扮演與空櫈功能

不少輔導處理的問題，是與人際關係有關的。在輔導過程中，輔導員與受助者之間亦是一種人際關係，輔導員可以利用自己與受助者之間的關係作為輔導的素材，如使用**「即時對話」**技巧。

除此之外，輔導員也可以運用兩種輔導技巧，協助受助者改善其人際關係。

第一種是角色扮演。當受助者面對一些人際處境上的困難，例如在面試時不懂得如何表達自己，或回答一些敏感性的問題；或一個男孩想約會女性朋友，不懂得如何啟齒；又或經常不懂得拒絕別人的要求，弄得自己身心疲累等。輔導員可以先扮演受助者

「即時對話」：
詳見〈即時的對話〉，頁82。

面對的人，如面試的考官，輔導員問受助者一些當時使他回答困難的問題，觀察他如何作答，角色扮演後可以給予他適切的回應。甚至可以將過程錄影，一起重看影帶，作具體的回應。

另一種名為空櫈（empty chair）的輔導技巧，也有相近的作用。在輔導室內放置三張椅子，其中一張是沒有人坐的。輔導員了解受助者與某人有什麼未解決的事情，例如沒有勇氣向父母表達自己的憤怒，又或親人已經去世，但有一些未了的說話想表白。輔導員可以鼓勵受助者，想像那人就坐在空櫈，並將心底話向之傾訴。輔導員可以在旁作教練，提示一些情景及可以表達的方向。

不過，這技巧不可以隨便運用，因為會牽動受助者壓抑多年的情緒，一些強烈及負面的情緒，可能一發不可收拾。所以，輔導員要有足夠的預備工夫，之後也要花一些時間，讓受助者處理在過程中的反應和感受。這事後的解說（debriefing）是十分重要的，若受助者出現反效果，我們可以及早介入處理。

輔導技巧是一種工具，重要的是使用的人要有智慧，懂得什時候使用，評估使用的成效。否則，這些技巧可能成為輔導的絆腳石，嚴重的會帶來關係上的傷害。

情緒表達的軌迹

在輔導的過程中，幫助受助者了解自己的情緒，是輔導員的「基本動作」。「你的感受如何？」「你面對這重大的困難，有什麼情緒反應？」這些都是我們經常掛在口邊的問題。

情緒指我們對事情的反應，當中也反映我們如何理解所發生的事情。所以，幫助受助者了解和整理自己的情緒，他便不會陷入一種迷惘、不知所措的景況。如能描寫情緒，也就對面前困難的處境多了掌握。

由情緒出現到將之表達，有四個重要步驟。我們要因應在哪一個步驟出現問題，作出協助。

第一步是察覺情緒的出現，如心跳及呼吸急促、肌肉緊張、面部表情緊，都是一些情緒的訊號，要協助受助者了解這些訊號背後是什麼情緒。

第二步是給出現的情緒一個形容詞。男性的情緒形容詞尤其貧乏，常常找不到形容自己情緒的字句。這情況稱為「情緒失認症」（Alexithymia），一些流行的 EQ 課程，可以提高參加者對情緒的敏感度、增加形容情緒的詞匯及學習健康地表達情緒的方法。

即使受助者了解並能給情緒一個形容詞，第三步是視乎受助者是否接納自己有這方面的情緒。例如男性怕流露哀傷的情緒，覺得這是弱者的行為，這些對哀傷情緒的負面看法，會影響受助者不敢表達自己的情緒。我們要指出情緒沒有好壞之分，它是我們心理狀態的溫度計，告之我們現在的狀況，好讓我們作出合理的行動。例如哀傷情緒是為失去的事物難過，這是正常的，能夠流淚反而是有勇氣的表現。

最後的步驟是處境問題，雖然受助者接納自己辨認出來的情緒，也要看當時的場合是否適合表達、提供一個安全、被接納和自由的空間，讓受助者探索其複雜及幻變的情感世界，如能自由地、安全地漫遊內心世界，確是一件寶貴的事情。

＊本文部分內容摘錄及改寫自《生命軌迹——13 個助人自助的成長關鍵》（增訂版）頁 221-222。

判斷抑鬱症

抑鬱症是現代社會的隱形殺手。據多個世界性的調查，每一百個自殺死亡的個案中，有五十個是嚴重的抑鬱症患者。演藝界巨星張國榮，從酒店高層跳下，如流星般墜落，全城震驚。他的遺書也説自己是患了抑鬱症，我們實在不可對抑鬱症掉以輕心。

根據世界衞生組織 2001 年年報顯示，四個人之中便有一個在一生中患上情緒病，且估計 2020 年，抑鬱症將僅次於心臟病，成為全球第二號疾病，目前抑鬱症排行第四位。

遇到不如意的事而跌入情緒低谷，似乎也是十分正常的事情。這種低落情況通常隨着時間慢慢消失，不需要接受專業幫助，時間是最好的良藥。但抑鬱症卻不會自然消失，反而嚴重地影響患者的思考、注意力和決斷能力。

判斷抑鬱症，在精神病學中有明確的檢定準則，最權威的參考是美國精神病協會（American Psychiatric Association）出版的 *Diagnostic and Statistical Manual of Mental Disorders*，簡稱 DSM-IV。

現將 DSM-IV 有關抑鬱症的判症條件列出：

在過去兩星期或以上，你是否常常有以下的感覺和情況？

- 情緒抑鬱：感到悲傷、低沉和鬱悶。
- 失去樂趣：對工作、嗜好和任何活動都失去興趣。
- 胃口轉變：胃口很差或有暴食傾向。
- 睡眠失調：失眠（在牀上超過一小時仍未入睡、易醒或早醒）或過度睡眠。

- 失去活力：容易疲倦，體能及工作能力下降，不願活動。

- 動作失衡：活動量和說話減少，動作遲緩或坐立不安。

- 人際失衡：逃避與人接觸，對性生活失去興趣。

- 思考困難：精神難以集中，記憶力減退，難以做決定。

- 負面感受：常感覺無能、無助或經常自我批評。

- 消極看法：對人生感到悲觀和絕望，甚至出現尋死的念頭。

首兩項「情緒抑鬱」和「失去樂趣」是抑鬱症的決定性條件，若沒有這兩項的其中一項病徵，就不能確定為抑鬱症。若有其中一項，並加上另外四項病徵的話，我們就會判斷這是抑鬱症。當然，專業人士如精神病醫生、臨牀心理學家、心理輔導員等診斷確定嚴重程度及治療的方案，才是最有效的幫助。

有一些基督徒認為患上抑鬱症，定是靈性出現問題。我相信人是整全的（holistic）：身體、思想、情緒、靈性都是彼此相關，我們不應只高舉靈性的重要，而忽略上帝亦可用不同的媒介和方法去幫助人。

眼淚要抹乾嗎？

最近翻閱心理治療大師 **Yalom** 的小品 *The Gift of Therapy*，這是寫給初入行業者的公開信，當中不乏洞見。

其中一篇是提及受助者的哭泣。朋友流淚，我們最自然的反應是給予安慰，遞上紙巾，希望朋友控制情緒，停止哭泣。

輔導卻比安慰要多走一步。

哭泣表示一個人進入其情緒的「內室」，輔導員不單協助受助者停止哭泣，而是進深探索情緒起伏背後的種種。Yalom 建議輔導員可以向受助者説：「不需要嘗試離開這種狀態，可以繼續向我説話，將你的感受以説話表達出來。」他更説：「若你的眼

Yalom：
當代美國存在主義學派的心理治療大師，也是精神醫學大師，著作甚豐。

淚有一張嘴，它會說些什麼？」

所以，輔導員不只是停留在安慰，繼而要讓受助者了解自己情緒背後的含意。這才能發揮輔導的作用，幫助受助者從壓抑的掙扎中釋放出來。

在專業的輔導室中，輔導員與受助者的座位之間，通常擺放一張茶几，放上一盒紙巾，方便受助者使用。我通常不會太快遞上紙巾，先讓受助者沉澱自己的情緒，除非淚如泉湧，受助者也自覺失儀，我才將紙巾遞給他。或會補充一句：「哭是 OK 的，不用禁止自己。」

不過有些時候，受助者是慣性容易哭泣的；又或哭泣背後是索求憐憫，將自己放在一個受害者的位置，哭泣背後有隱藏的動機，這些情況我們要小心處理。

另外，我也曾遇上哭個不停的受助者，偶一為之尚可接受，但經常出現，恐怕失控。在那些時候，需要讓受助者停止哭泣。

眼淚背後涉及不同原因，我們不能不作思考就遞上紙巾，輔導員跟一般人不同之處，是多了一份看穿事情背後的洞察力，這是要累積的經驗與智慧。

如何鼓勵別人改進

在輔導過程中，輔導員不時要向受助者作出鼓勵。

心理學家 **Don Dinkmeyer** 提倡鼓勵的重要性。鼓勵是引發別人拿出勇氣的過程。當一個人受到鼓勵，他會重新認識自己的能力，有足夠的信心面對挑戰。一個善於鼓勵的人，有以下四種素質。

1. **接納現實：**每個人的進度和景況都有所不同。一個善於鼓勵的人，會接納被鼓勵的人的能力和景況。他會按現實的情況作出鼓勵，不會期望過高，也不會因對方進展緩慢而放棄。他知道每個人最終都要對自己負責。

2. **對別人有信心：**助人者有一個基本信念，相信每個人都想轉好，希望突破自我，只要付上努力，一定會有進步。

3. **將焦點放在別人的貢獻及強項方面**：不少人對自己的強項和貢獻都不知道，以致低估了自己的能力。當我們作出鼓勵時，要看到對方的貢獻和強項所在，予以肯定，他們便開始察覺自己的能力所在，有自信邁出新的一步。

4. **對別人付出的努力和進步予以肯定**：付出的努力獲得進步，比達到目標更為重要。一個善於鼓勵人的人，經常掛在口邊的話是：「你已有進步，方向對了，繼續努力就可以了。」我們很容易陷入追求完美的陷阱，往往看成果大於當事人的努力和進步。當我們給他們的努力和進步作出鼓勵時，他們便知道目標漸近，動力更大。

Don Dinkmeyer：（1924-2001）心理學家，教育博士，著作甚豐，曾發表數以百計的文章，在生活技巧方面所發展的「教育訓練方案」，影響了數以百萬的家庭。

＊本文部分內容摘錄及改寫自《生命軌迹——13個助人自助的成長關鍵》（增訂版）頁 107-108。

以氣球和石頭來作抉擇

人生有很多需要作抉擇的時候，中學生要選文科抑或理科，入大學時要選什麼學系；戀愛危機中的年輕人，也可能要選擇分手還是繼續戀情；昔日九七前途問題或近年香港政治亂局，不少人要抉擇移民與否。這些也構成不少求助**輔導的題目**。

若求助的人，知道你也曾經有同樣的掙扎，他就更希望知道，你是如何作出抉擇，可作借鏡。當然你的處境並不全然像他的，也不可能叫他「照辦煮碗」。

或許，你可指引他用氣球和石頭作為決定的技巧。

當我們有了一個決定，例如到海外進修，這決定的背後會有不少推動力，可能是有親人在海外作支援、最想進修的科目只有在海外才能修讀、想出國接觸不同的文化，或增加國際視野等，彷彿是一個又一個的氣球，推動你有所決定，邁向目標。

然而海外進修也有不少阻力，例如經濟負擔、不捨得離開深愛的親友或戀人、擔心自己的語言能力，是否能應付學習，則彷彿是一塊又一塊的石頭，將你從半空拉下來，這就是作抉擇時的阻力。

當要將推動力和阻力作系統的分析時，我們可以用氣球和石頭的圖像大小來表達助力或阻力的強度，將所有圖畫放在面前，受助者就能分析決定背後的推動力與阻力（Force field analysis），這是作抉擇時很實用的工具。

進一步說，我們可儘量加強推動力的因素，增加氣球的數量，令決定更具吸引力士。另一方面，我們也可以幫助受助者，找方法清除那些阻力的因素，或減低阻力的強度。這技巧在下決定前後均可使用。

輔導的題目：

相關的項目，包括：〈朋輩輔導〉，詳見頁 182。
〈戀愛輔導〉，詳見頁 189。
〈職業輔導〉，詳見頁 185。

夢的分析

日有所思，夜有所夢。我們的夢境，大部分都是指涉日間所思所記掛的事情，並不牽涉未來。反之，一些過去未解決的事情，或自己感恐懼的經驗，會像主題般重複出現於夢中，這些有主題的夢，例如被人追趕、走到懸崖旁邊，在輔導時可以用作分析的素材。

佛洛伊德（S. Freud）有一本巨著——《夢的解析》，是這方面的權威。他認為夢境都有一些隱藏的意義，夢境表面上有一些外顯的「圖像」（symbols），即行為或事物，會將這些意義隱藏起來，這都是我們不被認可、潛意識的渴求。

雖然佛洛伊德對於夢的理解，不是所有輔導員都認同，但夢境透過「圖像」來表達受助者關注的事物，這些「圖像」需要分析出來，找出當中的意義，倒是大家的共識。

容格（C. Jung）對於夢的分析作出了修訂，他認為輔導員不能全然掌握那些「圖像」的解釋。反之，他鼓勵受助者提供解釋這些圖像的線索，擴充夢境背後的訊息，有助獲得對受助者面對問題的洞見。

夢的分析具有治療作用，因為一個人了解夢中的意義，就能知道自己的問題，有助改善心理狀態。

多年前遇過一位女士，她得不到丈夫的關心和疼愛，十分痛苦。她丈夫來自一個冷漠的家庭，他自己未嘗過家人的關愛，自然不明白及無法付出愛；雖然這位女士知道丈夫的背景，仍然未能接受現況。直至有一次她在夢中，看見丈夫在醫院坐輪椅，她卻不願接近丈夫。她解釋輪椅代表丈夫在情感上的殘障，她覺得自己不走近丈夫是不應該的。透過這個夢，她對丈夫多了接納，也願意親近丈夫。

佛洛伊德：
詳見〈心理分析〉，頁140。

容格：
瑞士著名心理學家，精神科醫生，也是心理分析的始創人及權威之一，曾與佛洛伊德惺惺相惜，後因兩人學說分歧而決裂。

輔導中運用幽默感

古人說：「一醉解千愁」，我想「一笑」比「一醉」更加積極和正面，對困境抱着幽默的態度，一笑置之，可以脫離困擾的心境，令自己鬆馳，能樂觀地面對未來。

輔導界對幽默感的治療作用愈來愈感興趣。幽默感可以促進關係的建立、引起聆聽者說話。幽默感通常帶來快樂的感受，它是抑鬱和焦慮的剋星。不少人在台前出現焦慮及緊張，都以一些幽默的笑話作開場白解窘。

幽默感是指看到事情一些可笑的地方，它的出現可以改變我們對事情的看法，這也是輔導的介入方向，不少人困於負面思想，幽默能給予一個新的角度看待事物。以前我向眾多聽眾演講時，極度緊張，一位前輩打趣說：「你以為自己那麼重要嗎？你在台上的說話，到了明天，不知道還記下多少，你穿什麼衣服，他們也不會記得呢！」當時前輩幽默的提醒，釋放了我的心。

幽默感能減低壓力，增加對付疾病的抗體。不過，我們也不可以刻意製造幽默的笑話，若受助者的心情和狀態不佳，這些笑話可能產生反效果，受助者以為受到譏諷，這會破壞輔導中的關係。

曾遇過一個輔導員善用幽默的例子。他接觸一個對兒子不願放手的母親，導致兒子有很大的情感依賴，輔導員不想直接説服她，便説了一個故事：一個母親和坐輪椅的兒子逛商場，母親負責推輪椅，一個朋友上前問她：「我不知道你的兒子行動不便。」母親回答説：「他其實懂得走動的，但他多麼幸福，不需要自己走動呢！」

幽默感在輔導過程中能否發揮正面的作用，完全視乎輔導員與受助者之間的關係。

家庭生活周期

家庭生活周期（family life cycle）的理念，源於**發展心理學**。

人生有不同的階段，這種「階段」的觀念也可應用於研究家庭生活的演變。整理出家庭生活的各種階段，方便評估夫婦正處於什麼階段，他們要面對什麼任務及能否達成，一些夫婦在早期階段沒有達成某階段的任務，後期的階段必更艱難，求助的家庭多數處於兩個階段之間的過渡期。

若輔導者理解「家庭生活周期」的概念，就可以按夫婦處於不同的階段作出輔導。

Carter 及 McGoldrick 在這方面的研究和貢獻最為突出，他們的「家庭生活階段表」已成為婚姻及家庭輔導指定參考的文獻。現將婚姻的不同階段細項表列：

發展心理學：
心理學分支之一，主要研究人類成長過程的心理學派，相關理論包括：教育心理學、情緒智商等。代表人物如皮亞傑（Jean Piaget）。

家庭生活階段	必備態度
1. 離開家庭的單身青年	情感及經濟獨立
2. 藉婚姻組織家庭的新婚夫婦	委身於新系統
3. 育有小孩的家庭	接受家庭新成員
4. 育有青少年的家庭	加強家庭界線間的彈性，接受孩子獨立和祖父母的體弱
5. 兒女已長大獨立的家庭	接受家庭系統裏不斷的進出
6. 晚年的家庭	接受世代的角色轉變

發展中的轉變
a. 從原生家庭分辨自我。 b. 發展親密的同輩關係。 c. 處事及經濟獨立。
a. 成立婚姻系統。 b. 重新組合家庭及朋友圈子，互相協助配偶融入其中。
a. 為孩子的介入，重整婚姻系統。 b. 合力分擔育兒、經濟及家務上的責任。 c. 重新組合家庭關係，加入祖父母的角色。
a. 從家長的角色轉往容讓孩子在系統中時出時入。 b. 重新注目中年婚姻及事業問題。 c. 開始轉向合力照料年長雙親的責任。
a. 重新接受二人的婚姻世界。 b. 與長成的孩子建立成人式的交往。 c. 重新組合家庭關係，迎接姻親及孫兒的介入。 d. 處理雙親（祖父母）傷殘及離世的事情。
a. 面對身體機能的衰退，仍保持自己及 / 或夫婦的職責和興趣，探索家庭及社會上的新角色。 b. 支持中年一代作主導。 c. 容讓老年成員在系統裏分享智慧和經驗，給予支持，避免過度勞役他們。 d. 處理喪偶、兄弟姊妹或同輩的離世，準備自己的離世，檢討並整合生命。

聖經三文治

基督徒羣體常常引用《聖經》來安慰和幫助有困難的人。正如《聖經．詩篇》119 篇 49 和 105 節描寫上帝話語的重要：「**求你記念向你僕人所應許的話，叫我有盼望。這話將我救活了，我在患難中，因此得安慰。**」「**你的話是我腳前的燈，是我路上的光。**」上帝的話語能引導我們，給予我們盼望和安慰，我想不少基督徒在經歷苦難或逆境的時候，也會想起《聖經．詩篇》23 篇 4 節：「**我雖然行過死蔭的幽谷，也不怕遭害，因為你與我同在，你的杖、你的竿，都安慰我。**」

基督徒在困境中，若養成一個以上帝話語檢視自己，且選取一些與《聖經》的價值觀相稱的行動，可説是跨越困境的最佳出路。

成熟的信徒會熟唸一些經文，作為助人時的一些金石良言，你也可以開始收集一些主題式的經文。如面對憂慮時，可考慮以下經文：《聖經．詩篇》32篇7節：「**你是我藏身之處，你必保祐我脫離苦難，以得救的樂歌四面環繞我。**」又如**《聖經．馬太福音》**6章30節「**……野地裏的草，今天還在，明天就丟在爐裏，神還給它這樣的妝飾，何況你們呢！**」

在使用《聖經》助人時，不可流於說教，避免將輔導變成一場小型講道。

為了減少說教意味而帶來受助者的抗拒，可使用一種以《聖經》經文作輔導的技巧，稱為「聖經三文治」。在使用經文時，上下都包一層**同理心**，像三文治般，經文放在中間。這種做法，一方面對受助者的困難感同身受，使用經文後，亦能以同理心減低受助者的抗拒。

例如面對一位失業的求助者，你可以這樣安慰他：「你無疑失業了一段時間，難免有徬徨和憂慮，對前路失去信心。但正如

《聖經．馬太福音》：
作者馬太，寫於約公元85至90年間，以耶穌教訓為主，記述祂的生平。

同理心：
詳見〈「全盤聆聽」與正確回應〉，頁26。

《聖經・腓立比書》4 章 19 節所言，我們知道上帝必照祂榮耀的豐足，供給我們一切的需用，我知道這是我們信心受到考驗的時候。或許在眾多困難之中，你有否察覺上帝的保守和供應？」

禱告與輔導

禱告與輔導是基督徒助人時需要考慮的，也是信仰與心理學整合的一個重要課題。

上帝可令人內心改變，祂也可以藉着萬事互相效力，藉着人、事、物的轉變而讓受助者有出路。我們為受助者祈禱更是自然不過，反映我們相信「改變的動力」出於上帝。

在輔導時間以外，我們私下為受助者祈禱，這種代求是最簡單和較少爭議。

在一個非基督教團體的社會服務機構作輔導的基督徒，在輔導進行期間，有守則要求禁止為受助者祈禱，因不想輔導員將他的宗教信仰影響受助者，令輔導過程不夠中立和客觀，這是非基督教人士的看法，擔心信仰成為一種心理的操控。

事實上，在輔導過程中為受助者禱告，確實需要謹慎處理。我也聽過一些「禱告服侍」的例子，受助者會有一種被指控的感覺。如為人禱告時，可能將自己對受助者的主觀看法，加上道德的判斷，令受助者感到遭受「言語暴力」，帶來很大傷害。另一種為別人禱告的，彷彿在講道，似是教訓多於輔導。

在輔導進行中**為受助者禱告**，我想輔導者應扮演「祭司」的角色，意思是將人直接帶到上帝的面前，讓受助者能直接與上帝對話。受助者不能直接表白的，輔導者可為他向上帝陳明，最重要是給予受助者一個向上帝表白的空間，輔導者正是見證他與上帝的相遇與對話。有時候，我們感受到從上帝而來給受助者的安慰和憐憫，也可以作上帝的「代言人」，為受助者禱告。

最重要的是禱告出於真誠，不看禱告為一種輔導技巧來操控人。至於與受助者的對質，我認為在面談中直接表達，比借助禱告進行較為理想，可讓受助者回應和澄清，減去一些誤用信仰成為高壓手段的危險。

為受助者禱告：
可參考〈教牧輔導〉，詳見頁 155。

四、輔導手法簡介

心理分析

心理分析是一套人格理論及心理治療的模式，由心理分析學派的鼻祖佛洛伊德發展出來。最重要的主題是相信人有一種潛意識（subconscious）的精神生活，而這種潛意識的精神生活是由被禁制的性與慾望所支配。

在人格理論方面，佛洛伊德認為人格主要分成三個基本部分，即「本我」（Id）、「自我」（Ego）和「超我」（Superego）。「本我」主要是人與生俱來的基本慾望，希望得到即時的滿足和快樂。「超我」是代表社會文化及父母傳遞下來的道德標準，往往與「本我」產生張力。而「自我」則是平衡「本我」與「超我」的一道機制，它是根據現實的原則來作抉擇。若「本我」與「超我」得不到適當的協調，人就會產生心理問題。

當心理分析用作一種輔導模式時，它是針對一個人的潛意識精神生活，作出探索和分析，將一些潛意識的東西，帶到意識的層面，讓受助者能對自己的問題找出洞見（insight）；意思是讓他看到自己的情緒和行為，是與自己過去的壓抑有關，如痛苦的童年記憶和不允許的慾望等。面對自身問題的洞見，能減低受助者的內心衝突。

協助受助者探索那些潛意識的精神生活，最主要是運用自由聯想（free association）的方法，大概你也看過受助者躺在一張長椅上，心理醫生在他身旁，鼓勵受助者隨意説話，不用在意所説的是對是錯，只要將感到困擾的事情説出來。這方法是避受「自我」對一些潛意識的記憶作審核，使能直接通往被壓抑的記憶和渴望的途徑。除了自由聯想，**夢的分析**也是心理分析常用的媒介，因為它相信夢境有一些隱藏的意義，是與一些潛意識的渴望有關。

即使佛洛伊德太強調性與慾望影響人的心理，但他提出潛意識的發現，以及人過去

夢的分析：
詳見〈夢的分析〉，頁124。

的經驗如何影響自身的理論，已成為輔導界的基石。心理分析雖已不是熱門和廣泛使用的輔導模式，但它背後有關人們內心掙扎的理解，仍然為大部分輔導員所採納的。

行為治療

行為治療有別於**心理分析**的取向，那些有關過去經驗、潛意識和洞見等概念，對行為治療來説，都是屬於次要的。行為治療相信，一個人的行為是由學習所得，受環境因素影響，包括一些誘發行為的強化因素（reinforcement）以及一些「制約刺激」所導致。最經典的實驗是一隻狗將鐘聲與食物的連繫，以致鐘聲可以令一隻狗想起食物而流口水。若應用於人，如一位小孩害怕嚴厲的父親，聽到鎖匙的碰撞及開門的聲音，意味着父親的出現，令他恐懼。雖然他長大後，父親已經不在，但鎖匙開門的聲音，仍然令他恐懼。

行為治療有一些十分有效及廣泛被運用的介入技巧，包括行為矯正（behaviour

心理分析：
詳見〈心理分析〉，頁140。

modification)、系統脫敏感療法(systematic desensitization)及鬆弛運動(relaxation)等。

行為矯正最常用於改變負面習慣，例如小孩的行為問題，透過找到強化他壞習慣的因素，以及改變壞習慣的動力因素，進行賞罰。做出正當行為可被讚賞，不改變壞習慣則予以懲罰。賞與罰的使用，視乎那行為是否當事人所重視的，否則效果欠佳。香港公眾地方進行禁煙的措施，戒煙的獲親人和同事的讚賞；吸煙的則接受懲罰，須付罰款，這些賞罰的功效，則因人而異。

系統脫敏感療法主要是用作處理一些恐懼症，例如害怕蜘蛛的人，輔導員先提供一個鬆弛的環境，然後慢慢安排相關的幻想、圖片或實物漸進出現，由於處身於一種鬆弛的狀態，可以減低恐懼。這方法是治療恐懼症最有效的方法，基本上是透過「反制約」(counter conditioning)來減輕過敏的情緒反應。

鬆弛運動的目標是減壓，協助受助者控制自己的身體和情緒。主要的方法是透過將肌肉繃緊和放鬆，讓受助者意識自己放鬆的狀態，以及那些因壓力而不自覺繃緊的肌肉，可以隨己意控制而達到減壓的效果。另外，一些使人感覺舒適的想像，如沙灘的微風，也可以創造一個鬆弛的狀態，讓壓力得以紓緩。

當事人中心療法

輔導理論的發展，往往是對現存理論的一種反動，當事人中心療法便是一例。心理學家 Carl Rogers 在上世紀四十年代發展這套理論時，是回應當時率先發展出來的**心理分析理論**。他不相信受助者要躺在長椅上，讓心理醫生像一面空白的熒幕，供受助者將自己的過去投射在他身上，用作分析他的潛意識。反之，他認為輔導要本着**真誠、尊重與同理心**的態度去幫助當事人，與受助者建立真誠的關係。

「真誠」是輔導員表裏一致地與受助者相處。「尊重」是在對受助者無任何要求的心態下，向對方表達溫情的接納，「同理心」是設身處地的從受助者的角度去感受事物。

這輔導模式也稱為「非指導式治療」(non-directive therapy)，雖然這名稱沒有廣泛使用，它卻點出這模式的特質。輔導員不會嘗試指導受助者作人生的重要決定。輔導員相信只要持以上「真誠」、「尊重」及「同理心」等輔導的態度，受助者便能觸及自己內心真正的情感和需要，透過同路者的反應和支持，受助者會找到自己的需要，並為自己的將來，作出明智的抉擇。

這種個人內在經驗的探索，相信受助者有一種自我實現的渴望與潛質，構成這套輔導理論的人本主義色彩。因此，這套輔導也較適用於幫助受助者的成長、建立健康的自我形象等方面。較嚴重的心理問題如恐懼症或焦慮等問題，則較少運用這種模式。

雖然，近年這套輔導模式已不再流行，但他強調輔導員應有的態度，已成為學習輔導時最基本的要求，例如，同理心的心態，不論是來自什麼輔導派別，似乎也是必備的條件。

心理分析理論：
詳見〈心理分析〉，頁140。

另外，輔導員不應給予個人意見，要讓當事人尋找及發掘自己認同的目標和改變的方法，也似乎是輔導界內普遍認同的工作守則。由此可見，這套輔導理論的影響是深遠和廣泛的。

認知治療法

認知治療法認為受助者的問題，來自他一些不合宜、「自動」的思想。這派別的發起人 **Aaron Beck** 發現，不少情緒抑鬱的人，病源來自他們的負面想法，例如：「我是一個失敗者，我的生命沒有意義。」

事實上，我們日常生活有不少「自動思想」（automatic thoughts），認知治療法對這些「自動思想」十分關注，因為我們很容易不經思考，便帶着負面的角度來面對事情，以及將思想扭曲。這派別的專家為我們分辨不少認知扭曲的方式，例如將不相關的事情跟自己扯上關係（personalization）；在沒有足夠的證據之下，常把外在事情的責任歸咎於自己身上。

Aaron Beck：
生於1921年，美國精神科醫生，賓夕凡利亞大學名譽教授，認知療法學會的名譽主席。代表作為 *Cognitive Therapy and the Emotional Disorders*.

舉一個具體的例子，丈夫說話的語氣有點生硬，太太很快有「自動思想」，認為丈夫不滿意她，甚至認為他不再如以前愛她。輔導員面對她「自動思想」下的解釋，會以一連串問題，助她重新理解事情，以下是一些可參考的問題：

1. 有什麼證據支持我的理解？

2. 有什麼證據推翻我的理解？

3. 我這樣推斷丈夫行為背後的動機，是否合乎邏輯？

4. 有沒有其他原因可以解釋對方的行為表現？

例如對方的語氣有點生硬，令你不快，可以問以下的問題：

1. 對方這樣向自己說話，是否必定表示向我生氣？

2. 有沒有其他理由導致對方的語氣生硬，如患上感冒或緊張等？

3. 就算對方真的是在生氣，是否便代表：

- 他不再愛我？
- 他經常都是這麼不友善？
- 他會使我長期悲哀？
- 我做錯了？

以一個系統的方式去理解認知重整的過程，從發生的事情、當中的情緒反應，找到背後的「自動思想」；分辨這思想的認知扭曲，再以問題查問「自動思想」的解釋是否合理、有沒有另外的解釋？並追查背後的證據，尋找一個較合乎事實的想法。

有了合乎事實的想法，情緒困擾的問題就會消失。

「尋解」輔導

「尋解」輔導模式的重點在於為未來尋找出路。以尋找問題的根源為進路的，是不適用於這模式，這與始創人之一 **De Shazer** 的輔導經歷有密切關係。1982 年，他接見一個家庭，問及家庭成員求助的原因，成員七嘴八舌的互相打斷對方的說話，結束第一次輔導的時候，他們總共提出了二十七個問題，令到 De Shazer 十分迷惘，每個問題都未能具體分析，他便鼓勵這家庭留意他們之間發生的事情，哪些事情是想持續發生。怎料兩星期後，他們回來，卻報告他們相處得很好，問題已經解決。De Shazer 發現問題與出路原來是沒有必然的關係。於是他繼續探索從問題為本（problem-focused）轉向出路為本（solution-focused）的理念架構。

「尋解」面談建基於三條黃金定律：

1. 努力無效，另尋他法。（If it doesn't work, do something different.）

2. 如見成效，繼續嘗試。（If it works, do more of it.）

3. 如無破損，且由得他。（If it is not broken, don't fix it.）

一個有關老鼠的實驗，一隻老鼠放在一個設有五條管道的迷宮，第四條管道內放置了芝士。有趣的是，即使芝士已被搬到另一條管道，這隻老鼠依然每次都走到第四條管道找芝士。這實驗説明，我們曾試過有效的方法，會重複使用，這些方法甚至會阻礙我們找到新的處理方法。這也是「尋解」面談的黃金定律：「努力無效，另尋他法」的意思。

當我們停止那些無效的行為，便可專注於尋找出路。這模式最經典的技巧是「例外

De Shazer：
家庭治療師，於上世紀七十年代創立「短期家庭治療中心」，參與及研究「尋解」輔導。

問句」。有人稱為「出路的特徵」的尋索。

最簡單的「例外問句」例子：

「當你們過去沒有問題的時候，有什麼是與現在不同的呢？」

「在什麼時候你們能有效地處理困難？」

在將「例外問句」轉化成一些行動的過程中，他們建議從過去尋找「例外」的成功例子，化作一些如見成效則繼續嘗試的行動計劃，也就是「如見成效，繼續嘗試」的黃金定律。

「尋解」輔導不着重尋根究底的改變，它屬於現實主義，像道家思想中的無為而治。既然問題是無日無之，我們犯不着要自找問題，「如無破損，且由得他」，具有其人生智慧。

教牧輔導

作為今天教會的牧者，可謂要集百般武藝於一身，才能完成牧養的職責。他需要懂得講道、教導、帶領敬拜、教會行政、服事社羣、領袖培育，當然也包括教牧關顧與輔導。

教牧輔導可說是教牧關顧的其中一類，教牧關顧的層面較闊，它包括對有需要的教友作出幫助、鼓勵和支持，例如家訪、探病、安慰有親人去世的家庭、鼓勵那些沮喪的，叫有怨恨的和好。教牧輔導卻有別於其他關顧事工，它需要較多時間、更多心力，也需更集中去處理受助者的問題。

很多時候，牧者手上已經有做不完的牧養工作，輔導亦需要較專門的心理學知識，加上現今社會及家庭問題日趨嚴重，不少牧者對教友的問題都愛莫能助及感到無奈，能為教友及早找到轉介的轉導服務，已算是放下心頭大石。

然而作為牧者，能夠在教友最需要幫助的時候，與他們同行，安慰他們的心靈，引導他們體驗上帝的恩典；藉上帝的幫助，活出信仰的真實，這豈不是最神聖和尊貴不過的職事嗎？

或許，牧者容易忽略自己在輔導角色上的優勢。不少基督徒尋求專業輔導，都希望輔導員與自己有同一信仰，而牧者更能透過神學的反省，對人生不同的問題，找出背後的屬靈意義；牧者也可以善用屬靈的資源，例如**《聖經》經文的鼓勵與禱告**，動員教會內的資源和其他弟兄姊妹的支持去幫助當事人；加上牧者對教友有較深入的認識，彼此已有共同的信仰，減少在輔導初期建立關係的時間。

那麼，忙碌的牧者在輔導工作上可以有什麼出路呢？近年教牧界都鼓勵採用**短期輔導模式**，將輔導節數規範在最多五次面談之內，牧者在輔導過程中選取較積極和直接的取向，視受助者是合作的夥伴，並集中一個主要的輔導問題進行面談。一些複雜和深層創傷的問題，則可以轉介給專業輔導員。

另外，牧者為年輕教友做**婚前輔導**也是一個很好的切入點，透過輔導，牧者可以與新婚夫婦建立較深入的關係。這些夫婦將來若有生活上的問題，牧者已經有足夠的關係基礎，作出適切和合時的幫助。

《聖經》經文的鼓勵與禱告：

參看〈聖經三文治〉，頁132；〈禱告與輔導〉，頁135。

短期輔導模式：

可參考David Benner所著，Grand Rapids出版 *Strategic Pastoral Counselling: A Short-Term Structured Model*。

婚前輔導：

詳見〈婚前輔導〉，頁192。

以閱讀作自療

自助書（self-help books）或稱為勵志書，寫作的目標是幫助讀者解決特定的生活問題，當中有詳盡的問題分析及解決方案和步驟，讀者按照作者的提議，就能解決他們的問題。最出名的自助書要數《卡內基溝通與人際關係——如何贏取友誼與影響他人》（*How to Win Friends and Influence People*），是有史以來最暢銷的勵志書之一。本書是戴爾・卡耐基（Dale Carnegie，1888-1955）的著作，於 1936 年出版，至今已售出超過 1500 萬本，它曾保持在《紐約時報》暢銷書榜上長達 10 年之久。

自助書有它一定的價值，筆者不少對特定課題的知識，都是從閱讀這些自助書而來。這類自助書的作者，是藉一本書來處理一個課題，所以，通常對某一項課題都有透徹的研究和剖析；他們也遇過同一個課題下不同的案例，知道這特定問題的不同變數和可行的解決方案。到現在，自助書已被看為一門賺錢的生意，你走進大型書局，看 self-improvement 或勵志書的書架，會見到這類書林林種種，多不勝數，有時候是出版社為獨佔這個市場，而出版大量熱門課題的自助書，一般讀者都不知如何選擇。

作為一個輔導的行來人，我選擇優秀的自助書，第一是要看作者的專業背景，他是否這個課題的專家，他有什麼專業認可的資格，或他的作品曾獲一些專業文章評論過嗎？不少行內的專家，也會為大眾讀者寫一些淺白，沒太多複雜學術用語的自助書，讓一般讀者都能了解和學習。

事實上，輔導員在輔導的過程中，也會選擇一些好的自助書給受助者閱讀，我們稱為 bibliotherapy（閱讀治療法），幫助受助者在認知自己的問題上有初步了解。好的自助書彷彿是一個好的輔導員，行文中能與讀者建立關係，他能了解你面對這問題時的心理、抗拒改變背後的原因，又能鼓勵你正視問題，並一步一步的指導你面對問題。例如，在輔導受助者面對難以寬恕人時，我會建議他們閱讀 Lewis Smedes 的《寬恕始能忘記：治癒內心那不必要的傷害》（*Forgive and Forget*）一書，當中很多真實的故事，可以幫助讀者反省自己的問題。

不過，因為要吸引讀者的緣故，不少自助書都會誇大了作者在解決問題上的成效，彷彿你只要跟隨他的方案，問題就可以迎刃而解，那麼，我們輔導行業就可以被自助書取代了。事實卻相反，一個有責任和專業道德的作者，他們會提示你，有時候問題需要專業的判斷，每個人的問題都有他的獨特性，所以，自助書不能取代專業輔導的協助。對於一些誇耀自己方法迅速和有特效的方案，我們都應抱審慎的態度。再者，不少自助書都是外國翻譯過來的作品，當中或多或少有文化的差異，我們應該一方面抱開放態度來了解自身的問題，但又應抱批判的態度來思考當中所寫的，是否對你有直接的幫助。

以下是十本我推介的自助好書：

1. 戴維・伯恩斯著、呈頌先譯：《感覺良好》(簡體版)。北京：學苑，1988。(David D. Burns(2008). *Feeling Good: The New Mood Therapy.*)

2. 史蒂芬・柯維著、顧淑馨譯：《與成功有約》。台北：天下遠見出版股份有限公司，2013。(Stephen R. Covey(2004). *The 7 Habits of Highly Effective People: Powerful Lessons in Personal Change.*)

3. 紀伯倫著、溫文慧譯：《先知》。台中：好讀出版，2015。(Kahlil Gibran(2016). *The Prophet.*)

4. 查爾斯・杜希格著、鍾玉玨、許恬寧譯：《為什麼我們這樣生活，那樣工作？》。台北：大塊文化，2012。(Charles Duhigg (2012). *The Power of Habit: Why We Do What We Do in Life and Business.*)

5. 史考特・派克著、張定綺譯：《心靈地圖：追求愛和成長之路》（新版）。台北：天下文化，2010。（M. Scott Peck（1978）. *The Road Less Traveled: A New Psychology of Love, Traditional Values, and Spiritual Growth*.）

6. Thomas Moore（1994）. *Care of the Soul: A Guide for Cultivating Depth and Sacredness in Everyday Life*. New York : HarperPerennial.

7. 哈洛德・庫希納著、楊淑智譯：《當好人遇上壞事》。台北：張老師文化，2006。（Harold S. Kushner（1981）. *When Bad Things Happen to Good People*.）

8. 沙利文著、洪蘭譯：《學習樂觀・樂觀學習》。台北：遠流出版社，2009。（Martin Seligman（2006）. *Learned Optimism: How to Change Your Mind and Your Life*.）

9. 蘇珊・傑佛斯著、包丹丰譯：《恐懼OUT：想法改變，人生就會跟着變》。台北：久石文化，2011。(Susan Jeffers (1987). *Feel the Fear...and Do It Anyway.*)

10. 史密德著、黃欣蓉、蘇凱恩、亮光編輯部譯：《寬恕始能忘記：治癒內心那不必要的傷害》。香港：亮光文化，2016。(Lewis B. Smedes(2007). *Forgive and Forget: Healing the Hurts We Don't Deserve.*)

小組動力

我們不是一座孤島，在社會中必須與人相處，不斷在不同的小組或羣體中穿梭往來，小組也是一種輔導的重要模式。

基督徒在教會的羣體中，會有不同的小組經驗，例如團契、夫婦小組、細胞小組、退修營會的小組分享等。小組的運用，除了有其本身功能之外，一羣人組成的互動關係，可以產生很大的治療或改變的動力。

心理治療及小組治療的專家 **Yalom**，總結了一些小組動力因素，若能認識和掌握，小組工作必大有作為。

當我們嘗試在小組中開放自己，訴説個人掙扎，其他組員也許會訴説自己亦遇上類近的問題，我們就會發現自己並不孤單，我們的掙扎是普遍的。進一步説，過來人的分享可以給予我們盼望。

獨自流淚是悲苦的，但在一羣接納自己的人面前，抒發自己的情緒，是一種釋放的體驗，將抑壓多年的感受解放出來。

小組可以是一個社會的縮影，不同的是有組長的帶動，彼此之間可以有更真誠的交流和回應。所以，小組也是操練人際技巧的最佳場景。當中我們學習一些好的模範，能改善我們的相處之道。

小組也像我們的家庭，家庭的互動如爭寵、面對權威等發生在小組時，都迫使我們檢視自己過去在家庭中留下來的問題，得以修正。

小組也製造不少助人的機會，透過分享資訊和資源，我們會有一份助人的滿足感。

另外一種的滿足感，也是來自一羣人的凝聚力，這種緊密的關係，給予我們情感的支持，也給予我們一種屬於一個羣體的歸屬感。

Yalom：
詳見〈眼淚要抹乾嗎？〉，頁117。

小組組長的三重視野

組長是小組的靈魂所在，他要不時對小組作出觀察和介入。我們若跳進組長的內心世界，不難發現，組長是非常忙碌的，因為他要一心三用。

每次小組聚會，總會有一個特定的目標和內容，在有限的時間和空間內，組長要安排、要分享討論的內容，並思考如何達到目標，完成小組任務。

但一羣人一起總會有不同的互動或化學作用，個人有**情緒**，小組也有它的情緒，或稱為小組的氣氛。小組是否活潑或沉悶，組員之間是否和諧或對抗，都是組長需要關注的，一個有凝聚力、互助的小組，是組長努力經營的目標。但他又知道，要達致小組的互動，需要一個過程，我們稱之為小組的不同階段（group process）。組長要因應不同的階段，作出合宜的帶領。

小組由不同的個體組成，每個人都是獨特的，他會因生活的遭遇影響參與小組時的情緒和表現。小組的動力也會帶給組員不同的衝擊，他們可能會憤怒，甚至哀哭；組長要與每位組員有一定的連繫，或需要有效回應個別組員的需要。

任務、小組互動與個別組員三者的需要都不同，作為組長，要同時兼顧三者。有時要作出智慧的判斷，先要處理哪一方面、要定優先次序。例如，一次小組過程中，某組員哭了，組長可能要暫時放下小組任務，花時間先處理這組員的情緒，但他亦要考慮，會否影響整個小組的互動。

組長的三重視野就是：

1. 完成小組的任務；

2. 建立及維持小組的互動；

情緒：

詳見〈情緒表達的軌迹〉，頁 110。

3 關注個別組員的需要。三者能否圓滿整合(integrated),還是顧此失彼,要看組長的功力和臨場的彈性。

組長先要培養這三重視野,並在不同處境中,作出有效的配合。

* 本部分內容摘錄及改寫自《啟動羣體生命力——小組訓練 10 課》頁 17-18。

小組的溝通形式

小組**溝通**的形式多種多樣，有的小組只有組長演獨腳戲，有些小組雖有組員參與，但卻由組長掌控一切，有些則只有部分組員參與。最理想的溝通形式應當是所有人都坦誠、自由、誠懇、謙虛、客觀的參與。小組不同的溝通形式包括：

小組講論。在小組溝通中，某組員演獨腳戲，壟斷所有談話的時間，與演講無異。

小組考試。在小組討論過程中，雖有組員參與，組長仍扮演權威的角色；組員的言論，只回應組長的提問，並不是所有組員共同參與。

自問自答。組長在帶領討論時，發出許

溝通：
可參考〈聆聽談何容易〉，詳見頁24及〈「全盤聆聽」與正確回應〉，詳見頁26。

多問題，並未耐心等待組員回應，便馬上自問自答。

二人對談。在小組討論過程中，只有一位組員積極發言，形成他與組長的二人對談，其他組員全然被動與消極。

三人壟斷。有時在小組討論過程中，只有小部分人參與討論，形成了三人壟斷的局面，並非所有組員都參與。

自由交通。在小組討論過程中，組長沒有好好控制場面，各人自由討論，局面混亂，沒有朝向共同目標。

全體參與。最理想的小組溝通形式，是每名組員都積極參與，朝向共同的討論目標、有系統、有層次。外人參觀時，很難看出誰是組長，彷彿大家都扮演共同重要的角色，一起分享、鼓勵，在積極參與的溝通中俱有得益。

＊本部分內容摘錄及改寫自《啟動羣體生命力——小組訓練10課》頁18-21。

小組的問題處理或組員處理（上）

在小組中會遇上不少問題處境及問題組員的**處理方法**，我參考 Jacobs（2006）在 *Group Counselling, Strategies and Skills* 一書中的內容，簡單介紹較常見的情況。

多話者。組長若不處理一些東拉西扯、沒完沒了的閒聊，小組的分享便會失去重心和方向，其他組員會感到沉悶，甚至對組長的帶領失去信心。

組長可以重申，小組是屬於大家的，大家都有表達自己的機會。所以，請組員注意自己説話的長短和內容，讓其他人有機會發言。又或組長發出一條問題，邀請未發言的組員先發言；或將眼神轉移到較少説話的組

處理方法：
可參考〈聆聽談何容易〉詳見頁 24 及〈「全盤聆聽」與正確回應〉詳見頁 26。

員，特意邀請他們先分享。

拯救者（rescuing member）。就是太快給予意見，擾亂組員進深探索問題。組長可適時打斷對方的話，讓組員繼續本來的話題。

消極者（negative member）。這類組員對小組的進程有不少負面影響，他可能不斷埋怨，專潑冷水，令小組變成一個牢騷大會。組長可以試在組外與他傾談，了解他消極、抱怨背後的原因，按需要疏解；也可找一些較積極正向的組員，平衡小組的氣氛；或把視線轉移到其他組員身上，減少消極組員的發言機會。

抗拒者。主要出現在不是自願參加小組的組員上，不過，也有一些組員對小組不太習慣，便對小組產生抗拒，而不是對組長有抗拒，組長要分辨兩者。組員要給予抗拒者機會抒發內心憤怒的感受，有助減低抗拒的反應。如要邀請他在大組分享時，先徵詢他的意見，看他是否感到舒服。

保母。保母指小組內有些組員，會主動照顧組內大小事務及組員的需要，保母以照顧別人為自我肯定的來源，很多時會忽略自己的需要。

＊本部分內容摘錄及改寫自《啟動羣體生命力——小組訓練 10 課》頁 77-81。

小組的問題處理或組員處理（下）

除了獨特的組員外，小組過程中也會遇上一些**棘手的狀況**，組長要對症下藥。

沉默。組長要分辨組員沉默是因為正在進行一些內心反省，抑或是因為感到小組內容沉悶。2至3分鐘的沉默是可以接納的。可在小組開始時，先進行一些熱身活動，有效減少沉默的情緒出現。也可以透過發問、二人分組討論等方式，使組員進入有意義的討論中。

哭泣。組員哭泣可以是一件正面的事，組長可解釋因為組員之間有足夠的信任，所以他們會有情緒的表達。

組長可以詢問哭泣的組員是否願意再多分享自己的傷痛。

當然，組長也要分辨，組員的哭泣是因正為一些痛苦的事情掙扎，抑或是想博取別人的同情。經常性哭泣以博取同情是不值得鼓勵的，可以在小組後才與他傾談。

當有組員處於哀傷中，組長要阻止組員發問不相關或離題的問題。

互相敵對的組員。在篩選組員進入小組時，可以問他們：「有沒有一些組員是你不想一同在小組內的？」因為互相敵對的組員，會將小組變成一個戰場。

若他們的敵對情況干擾了小組的進行，可以將他們分開。向他們説明，有時候不是所有人你都會喜歡，但仍然可以保持一個工作關係，令共處成為一段正面的經歷。

能有效處理組員間的衝突，是小組進入更佳狀態的必經階段。

棘手的狀況：
可以參考〈處理衝突的步驟〉，詳見頁 104。

*** 本部分內容摘錄及改寫自《啟動羣體生命力——小組訓練 10 課》頁 77-81。**

五、認識各種輔導類型

自我輔導

一個平常輔導的過程有兩位成員，一位是受助者，另一位是輔導員。自我輔導的難度是這兩個不同的角色要由同一個人去扮演。女心理分析大師 **Karen Horney** 曾經説過：「生命是一場掙扎、追尋、發展和**成長**，而自我輔導是其中一個有效的媒介，有助這過程。」Horney 在自己作品 *Self-analysis* 中，就討論心理分析師能否應用心理分析的技巧在自己身上。她的答案是肯定的。

我們能自我輔導是基於我們的「自我」結構，自我輔導的專家 William Stewart 提出，一個人的自我有三個領域，看下圖：

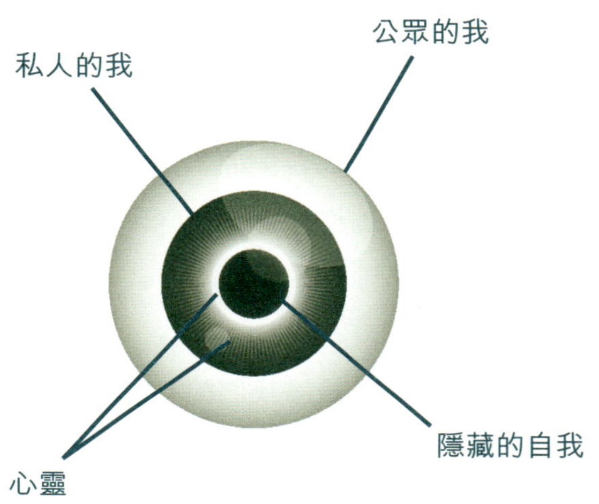

公眾的我（Public self）是一個可以向人公開的我，私人的我（Private self）是一個較私隱的我，只有自己或一些我們信任的人，才能看到這一面的我；最深層的我是隱藏的自我（Hidden self），像容格所指的一個人的陰影（shadow）部分，是自己壓抑和拒絕的部分，往往是自己未能意識的。而貫穿這三個部分的就是我們的心靈（Psyche）。這可能是我們人類有別於動物

Karen Horney：
（1885-1952）德國心理學家，提出人際間三種流動理論，主要著作為《自我的掙扎》(*Neurosis and Human Growth*)。

成長：
詳見〈成長五部曲〉，頁88。

的一個重要特質，就是我們能超越自己來自我回望和評估，Psyche 不單有助我們自我察覺（self-awareness）的能力，它更是我們自我的靈魂所在，它像我們心靈的一枝射燈，照亮我們在人生舞台上的舞蹈、它能搜索我們內心最隱蔽的角落，不斷向我們發出呼喚，催促我們要追求真實和完整的生命。

自我輔導，簡單來説就是讓我們的心靈成為我們的輔導員， William Stewart 建議我們要撥出一段安靜的時間，讓我們的心靈對我們多方面的自我，不論公眾、私人和隱藏的自我作審視，從而更多了解自己的行為、思想的矛盾、內心的慾念和陰暗等。大多數提倡自我輔導的專家，都有心理分析的背景，使用的手法也包括自由聯想（free association）、夢的分析等技巧。透過這些自由聯想和夢的素材，我們對自己更有洞見和認識。

例如有一位男護士，他在病房工作，上司對他作了一個評估，就是他經常投訴別人。他運用自我輔導，檢視他工作上的問題。他找到一個不會遭打擾的房間，進行自由聯想習作。他透過自由聯想「投訴」這個詞，讓自己的思想自由流動，他自由聯想最後出現的詞是「受害人」。在這個過程中，他記憶浮起了一個小學的片斷，被一位言語粗暴的老師傷害，自己是一個「受害人」。當時，他將經歷告訴父親時，父親給他的回應卻是：「你要當一個男子漢」，他感到無助。他驀然發現，他投訴人的目的是將自己放在「我是對」的位置，指責人就可以逃避面對自己。這就是他自我輔導得到的成果。了解到自己是基於受傷的緣故，而將「錯」竭力投射到別人身上，以逃避那種不好受的感覺。

當然，自我輔導也有它的限制，我們有時候與自己的問題太過糾纏，不能抽身去處理自己的困擾；另外，在與輔導員進行輔導時，受助者會抗拒出現改變，資深的輔導員能慢慢解開受助者的抗拒，正視自己的問題。但自我輔導的時候，我們可能意識改變太過艱難，便停滯不前，缺乏一種溫柔的外力，幫助我們前進。所以，自我輔導未能讓自己繼續進步的時候，我們也當開放去接受專業的輔導，才不致錯失成長的機會。

朋輩輔導

朋輩輔導是一種非專業的輔導方式，多數是一些年紀和經驗略豐富的一方，以過來人的身分，幫助一個新丁適應新生活。最常見的是中學或大學「師兄師姐」的朋輩輔導計劃。

舉大學的朋輩輔導計劃為例，一個莘莘學子，進到大學第一年可能有很多方面的適應問題，包括學習的模式、宿舍生活；外地生則有文化、生活的適應問題。若這些新生有些學兄，經歷過新生適應之苦，便能幫助他們適應。參與朋輩輔導的高年級同學，通常在社交上比較成熟，學業成績也不錯，他們可以是自願或被邀請參與這類計劃。通常師兄弟的朋輩輔導關係是為期一年的，他們會定期約見，並聆聽新生在適應校園生活上的困難和問題，給予新同學一些引導（orientation）和情緒上的支援。

對這些朋輩輔導員來說也是一個很好的**學習機會**，他們多數會先接受一些基本的輔導技巧訓練，舉中文大學的 uBuddies 訓練為例，他們有以下的訓練：

項目
3 日 2 夜訓練營，以建立團隊精神，促進輔導員的自我認識，增強自信
6 節共 12 小時朋輩輔導技巧培訓
兩天共 12 小時精神健康急救基礎課程培訓
2 節朋輩輔導技巧實習督導

通常這些計劃都由學生輔導組專業的心理輔導員作訓練員，在計劃期間若遇到困難的個案，他們大可以找導師督導和指引；若個案的問題超出朋輩輔導員的能力和經驗，他們亦可以轉介給學校的專業輔導員。

學習機會：
可參考〈輔導員的成長歷程〉，詳見頁 85 及〈善用「自我分享」〉，詳見頁 44。

朋輩輔導員不單有培訓，也有實習的實戰經驗，與師弟妹同行的經驗，相信對朋輩輔導員的個人成長都會有幫助，甚至成為他們將來投身助人行業的一個很深刻體驗呢！

除了大學的朋輩輔導計劃之外，不少自助小組也是運用這個模式，不少「過來人」的小組，例如戒賭、戒毒、單親支援小組等，都是由一些曾經參與這些小組而受惠的人，感恩圖報，以義工身分，成為新參加者的同路人。受助者遇到困難問題時，因為這些「過來人」的義工，受過一些輔導的培訓，便可以成為其他人的幫助。他們「過來人」的身分，相對更容易明白當事人的掙扎，不用太多的説話，讓當事人感到有人明白自己，也可以給予當事人共鳴和走出困局的指引。

職業輔導

我認為一個人的事業，正充分反映了「我是誰」，我想在這地球村中成為一個怎樣的人，能為這世界做些什麼。一位美國小說家 Frederick Buechner 的名句經常提醒我：「上主召喚你去的地方，是你內心的最大喜悦與世界深切渴求相遇的地方。」（The place God calls you to is the place where your deep gladness and world's deep hunger meet.）

一個人用上不知人生多少時間在工作中，若果工作中沒有喜悦；若果不是為這世界盡上一些綿力，去令世界變得美麗一點；若果沒有充分運用上天給我的才幹和強項，我的人生豈不是虛渡，沒有好好過我的日子？工作的意義（meaning）、工作時的喜悅（pleasure）和發揮自己的強項（strength）是我們快樂工作的源頭。

要找到這三樣元素同時併合在一份你心儀的工作上，並不是一件容易的事。能夠先認識自己，抓緊那些自己願意投身的事，然後透過一個跌跌碰碰的過程，去追求事業上的夢想，是我們每個人都要挑戰自己的一個過程。

傳統的職業輔導會幫助受助者尋找自己的職業興趣，如 Holland 的**六角職業類型**，如果我們已經知道自己的 Holland 職業代碼，可以進一步到美國著名的職業輔導網站 O*NET，找找看有哪些可能適合自己的職業。O*NET 的相關網址是：http://online.onetcenter.org/find/descriptor/browse/Interests/#cur

我們亦可以檢視自己的工作價值觀，從而找出相應的工作種類和工作環境、前途和期望等。

後現代的職業輔導強調，每個人都有自己獨特的故事，找一個事業新的方向，彷彿是改寫自己的故事，這是敍事輔導模式（Narrative therapy approach）的入手點，應用在一個籌算轉工的人身上，很實在和具體。我們試看這模式如何幫助人尋找自己事業發展的故事。

首先，要知道自己的需要。我們對將來的願景如何，願景背後反映自己一些什麼價值觀。筆者在輔導中心工作時，遇過不少從事商界的朋友，想轉投輔導的工作，他們看重人的價值，想藉輔導陪伴別人成長。

第二，要知道自己有什麼資源，不論是學歷背景，人物網絡或個人氣質、技巧等，這些資源能幫助當事人達到自己的目標。

第三，知道自己聽到什麼聲音。要做轉工的決定，身邊的人都會持不同意見，有時候周圍的聲音太過嘈雜，我們應先聽自己裏面的聲音，也要學習減低或增強那些聲音。作為基督徒，我們更需要聽的是上帝微小的聲音。

六角職業類型：
又稱Holland Hexagon或Holland Codes，由心理學家Holland發明，根據受測者的分數而計算出個人對六種特質的偏好，這六種特質排列成一個六邊形，分別代表六大類工作技能——實用型、研究型、藝術型、社會型、企業型、事務型。

第四，知道什麼攔阻自己。不論是過去挫敗的經驗，或別人澆冷水，或實際的經濟和生活各方面的考慮，我們要正視這些攔阻，也看有沒有一些助力，讓我們跨越這些障礙。例如，身邊成功轉行的朋友的故事或模範等。

第五，我們要將自己的願景，繪畫成一條路線圖，知道要達致目標的步驟。

最後就是勇敢踏上去，將自己期盼的故事實現出來，相信有志者事竟成，只要願意踏出第一步，找一些願意支持我們生命故事的聽眾，在環境中找一些機會，人生的路就是這樣走出來。

你若正考慮轉行，不妨以這些步驟，檢視和實現自己的夢想。

戀愛輔導

兩性的戀愛關係，即使已有不少心理學家整理出戀愛的理論和臨牀的心得，但畢竟每一對情侶都是不同的。

戀愛輔導就是幫助一個人或一對戀人，在戀愛過程中不同環節提出引導，和處理兩個人的關係問題。

我們用一個戀愛過程來看，從思考擇偶的條件、選擇對象、作出約會的邀請，拍拖期間的兩性認識和相處、如何決定關係成熟至可考慮結婚，甚或拍拖期間出現第三者、感情變遷，甚至分手等，都可以成為戀愛輔導的內容。

有一些戀愛輔導是一個人的個別輔導，例如：擇偶的條件、選擇對象、作出約會的邀請等，都是一個人接受輔導居多。**兩名戀人**一起接受輔導的，大多數是關係上出現了問題，例如性格不合、有嚴重衝突或鬧分手等。都可以用關係輔導的進路來處理，輔導員就是要幫助他們雙方坦誠溝通，增進他們的了解和改善關係上的相處。

至於選擇合適的輔導員，可以找一些婚姻輔導或戀愛輔導的專家幫忙，亦可以找一些成熟的長輩，他們可能是**教會團契導師**，因着人生閱歷豐富的緣故，在你拍拖戀愛的問題上，大可以幫你一把。若問題嚴重的話，就要尋求專業的輔導。

事實上，愛與被愛對一個人的自我是十分重要的，當你被一個自己所愛的人拒絕，這不單是一次普通的被拒感受，更是將自己整個人當作籌碼押上了。正因為我們如此看重這個人與自己共存亡的戀愛關係，難免會頭腦不清醒，將自己的期望、感情、過去的創傷帶來的缺欠感覺，都投進一段關係上；不少戀人在關係中帶着無限的憧憬、迷思和不確定的感覺，很難看到關係的「真相」。例如：大家的條件並不配合，你仍然一廂情願投放感情；又或戀愛的對象連旁人都看出的問題，你仍然對對方寄予厚望，害怕失去愛情這個「救生圈」。

我不會說愛就是一切，但它卻是人生中一項十分重要的追求。我曾在輔導室裏聽過不少感情路上遇到挫折朋友的故事，所以他們的問題，如內心的掙扎、盲目地把感情投放在沒有結果的對象身上，我都能清楚知道。

我發現不少人對戀愛帶着很多不正確的觀念，我們稱之為愛情神話，神話令人對愛情有不切現實的期望，最終使他們在愛情路上失望而回。加上兩性的差異，就如兩個來自不同世界的人偶遇，而對愛的語言不能互通，往往會帶來相處上很大的問題。

戀愛的輔導員，因着對兩性關係的認識，就戀愛中個人內心問題複雜性的了解，他可以從一個客觀的角度，指出你在戀愛上的種種問題。

兩名戀人：
男生一般較抗拒接受輔導，可參考〈鼓勵男性求助的策略〉，詳見頁76。

教會團契導師：
詳見〈教牧輔導〉，頁155。

婚前輔導

結婚是人生最大的抉擇之一，「男人最怕入錯行，女人最怕嫁錯郎。」時至今日，在兩性平等的大前提下，男女都怕選錯結婚對象！

為了減少這些婚姻風險，婚前輔導的目的就是讓一對戀人，透過輔導彼此加深認識，加強相處能力，知道自己是跟一個怎樣的人走上一生一世的婚姻路。

不少教會要求在教堂舉行婚禮的人接受婚前輔導，但在基督教和天主教圈子以外，婚前輔導仍未廣泛地被準婚人士採用，確實可惜。很多人花大筆金錢籌備婚禮，卻不願花錢和時間去接受婚前輔導，預備自己進入婚姻的關係。

婚前輔導能協助準新人了解兩人的強弱、評估各自背景的差異、發現家庭如何影響他們的相處等，按部就班，逐步引導他們檢視自己，決定是否適合在此時與對方結婚。

輔導員會以六個向度探索他們的默契、相處和對婚姻的期望。這六個向度包括：個人背景、關係歷史、**本源家庭**（family of origin）、性格取向、性別差異、人際技巧等。輔導過程大概需要四至六次的面談。

在進行婚前輔導時，透過重述戀愛的過程，輔導員主要從中了解雙方結婚的動機，在戀愛路上有沒有什麼衝突及突破，戀愛日子的長短等，讓輔導員掌握雙方是否適婚，也可以分析雙方關係會在什麼情況下亮起紅燈。

近年本源家庭和**家庭圖**（genogram）的應用，似乎是婚姻輔導員為新人做評估時的「基本動作」。一對新人認識彼此的本源家庭對婚姻的影響，是一個不可缺少的環節。

本源家庭：
又稱「原生家庭」，即是出生後被撫養的家庭。

家庭圖：
將至少三代的家庭狀況畫成圖表，追蹤家庭中重複發生的行為模式。

婚前輔導員為了在最有效的時間認識新人的性格差異，通常會給他們進行性格測驗。香港最常採用的是**TJTA**（Taylor-Johnson Temperament Analysis）。這個測驗形式量度九個性格的向度，輔導員和不少牧師都會接受這個測驗的訓練。

婚姻是一男一女的結合，與一個異性一生一世生活，就得了解對方的語言、思考方式、內心世界的需要，讓大家不單能和睦共處，更能透過男女的結合，豐富彼此的生命。此外，有效解決衝突是夫婦必須具備的人際技巧，以便跨越婚後生活的各種問題。

TJTA：
始創於 1966 年，有效地使用於婚姻及個人輔導的性格分析工具。

家庭治療

傳統的輔導理論是以個人為輔導的對象，重心在探索一個人的內心世界與思維架構，重建當事人的心理歷程，尋找問題的根源及解決困擾的方案。但逐漸發覺，一些在醫院裏好轉的病人，回到家之後問題反而惡化。再者，原來一些有行為問題的小孩子，我們稱為被辨認的病人（identified patient），背後卻有一個病態的家庭。真正的病人不是那孩子，他的問題行為，是緣於家庭成員之間的不良交往模式，乃致形成或持續或維持的狀態。按這推斷，改變家庭成員間的不良交往模式，最終能達到治療目的。

家庭治療（或稱為婚姻家庭治療）是以家庭作為整體，從系統、動態的角度看待家庭成員的心理問題，雖然家庭治療師儘可能邀請有關（甚至全部）家庭成員進輔導室。在香港的受助家庭中，我們實在不易邀請所有家庭成員參與輔導。不過，分辨個人輔導與家庭輔導，不在乎輔導室內有多少家人，而在乎家庭治療師在了解當事人的問題時，是以家庭系統，他們相處的互動來了解問題，而治療師也會動員整個家庭成員的關係，改變他們的互動模式從而帶來良性的影響。

家庭治療能處理家庭成員關係的不同層次和範疇，包括：

1. 建立和維持家人之間健康的界線；

2. 增強家人的溝通和凝聚力；

3. 透過幫助家人了解他們相處的互動和方式，增強家庭的解困能力；

4. 減低家人間的衝突；

5. 化解家人間不健康的三角關係如婆媳問題等。

香港是國際大都會，我們很幸運，有機會一睹一些家庭治療大師的風采。以下是幾個例子。

結構取向的理論（Structural therapy）以 Salvador Minuchin（米紐慶）為代表，在香港，最為人熟悉的是李維榕。這派別着眼點在家庭的結構是否健康，系統與系統之間是否有適當的界線。結構取向的輔導員會在輔導過程中，改動成員所安坐的位置和溝通方式，從而重整出一個健康的家庭架構。

香港也有以**人本治療取向**的 Virginia Satir（沙維亞）為代表的輔導中心，Satir 最有名的一本書名為《家庭如何塑造人》（*People Making*）。她強調對人的選擇和自由意志的尊重，相信個人擁有自我了解、自我決定和自我分析的能力，重視現實經驗和情緒體驗的共同特點。她是很有魅力的治療師，看她透過家庭雕塑（Family sculpturing）的技巧，讓當事人與家人重新連繫，修補關係，真叫人動容。

另一位深刻影響香港輔導同道的是**敍事治療法**（Narrative therapy）的大師 Michael White（懷特）。這派別屬於後現代主義家族治療模式，他們認為人類會運用語言，主觀地建構對現實的觀點，創造個人的人生。其治療目標在於：經由家庭成員對家庭故事的重述，來重新建構他們的人生，亦即重新建構舊問題的情境及賦予新意義。

家庭治療現時已經成為一個有理論、有研究基礎的專業，在美國也有專業註冊機制。從業員通常至少要取得碩士學位，才能進行這方面的治療，香港不同的大學及神學院也有這方面的專業學位課程可供報讀。可惜，香港對心理輔導和婚姻家庭治療的專業註冊仍未有政府認可的機制，對這專業的發展有所限制。

結構取向的理論：
認為許多心理疾病，是家庭結構或權力運作不佳的結果，代表人物 Salvador Minuchin，代表作品為《回家——結構派大師說家庭治療的故事》(*Family Healing*)。

人本治療取向：
又稱為經驗治療取向，另一代表人物為 Carl Whitaker，代表作品為《熱鍋上的家庭——一個治療者的心路歷程》(*Family Crucible*)。

敘事治療法：
代表人物 Michael White，主要合著作品《故事、知識、權力：敘事治療的力量》(*Literate Means to Therapeutic Ends*)。

病友的探訪

最近有機會到醫院探訪一位老朋友，我們相識快二十年。他在十多年前從鼻咽癌症康復過來，最近身體開始衰弱，不少身體功能都出現困難，包括吞嚥食物、兩手肌肉萎縮等。最近因為肺炎入院，一住就快兩個月。一個星期六的早上，我上到病房，他身體好了一點，想在醫院病房的走廊走走，他連行路的觸感都不穩固，所以，我就扶着他的手，來來回回的行了十多趟。

我這位朋友是醫生，他明白自己的病情和康復的機會。其實，他知道自己的身體是一路走下坡的。我只是專注聆聽他訴說病情和身體機能的問題，對於一個進食和行走都要人幫助的人，我只簡單的回應，說他一定十分沮喪，這樣基本的生活都要倚靠人，是十分無助的。可能我只是**默然的陪伴**，聽多於說，然而出乎我意料，他多說了一些被探訪的經歷。

我彷彿上了一課探訪病人的輔導課。

他說他最怕一些教內的基督徒朋友，急於去「安慰」他，說什麼醫學昌明，說什麼對神要有信心，他作為一個醫生，這些對他來說都是「廢話」。不但未能帶來安慰，反而令他厭煩。有一些朋友知道他是醫生，還喋喋不休提及另一些朋友的病情，他坦言，雖然自己是一個醫生，但現在作為病人，其實不想多聽別人的病情。反之，他稱讚自己一位也是做醫生的好朋友，在他第一次鼻咽癌病發的日子，每天都抽時間來探望，為他做一些醫療照顧，完事後就不發一言陪他坐上一兩個小時，他是銘記於心的。

我扶着他手臂，在醫院走廊來來回回慢步，按他步履的速度緩行，至今仍感覺猶新。是的，病人需要的是身邊人知道和接納他的境況，給他一個空間，想多說或少說都可以的。慢慢地，這位朋友談起自己年輕當醫生的時候，是多麼不明白老年病人的

默然的陪伴：
可參考〈眼淚要抹乾嗎〉，詳見頁 117。

內心世界，如今易地而處，便後悔當年對那些年老的病人說過不夠體諒的說話。如今，他二十多歲的兒子，不忍父親有時候面對衰壞的身體而意志低沉，出言要父親振作。他說，他不怪責孩子的焦躁，這或許是生命的歷煉，他知道自己與兒子是活在不同季節的人，說的話，了解的事情自然也不同。

離開醫院，我沒有沉重的感覺，卻感到能與一個知心朋友談了一頓暢快的心靈細語。相信那是一個彼此祝福的歷程，他朝一日，我也會與其他身邊的人互換角色呢！

哀傷輔導

《聖經・傳道書》3章4節：「**哭有時、笑有時、哀慟有時、跳舞有時。**」沒有人不能哭泣、不哀慟，這是人生的一部分，它的出現在上帝的安排中，有其定時。

當一個人面對一些損失的時候，哀傷是自然反應，有人稱這過程為「哀傷工作」(grief work)，意謂我們要用時間和心力去面對的。最普遍的哀傷是親人去世。不過，失業、失婚、失去身體其中一部分，甚或失去寵物，也可以帶來哀傷的反應。

哀傷反應的強度，與我們對失去的人或物件所投下的感情成正比。它也與失去的情況，如突如其來還是有足夠心理準備有關，例如父母因長期病患而去世，心理預備的時

《聖經・傳道書》：
作者是所羅門及後人，寫於公元前三世紀，內容關於在追逐名利的虛空人生之中，只有敬畏上帝、守誡命、盡本分才體會真實的信仰人生。

間較長，即時的哀傷反應，便遠較親人意外喪生來得較容易接納。

哀傷有不同的階段和歷程。最出名的是 **Elizabeth Kubler - Ross** 的研究，她發現哀傷有五個階段：**第一個階段**包括即時震驚與麻木之後，否認事實。**第二個階段**是憤怒，對象是離世的人，質問為何捨自己而去，自己為何不能阻止事情發生，甚至遷怒上帝不施拯救。**第三個階段**是討價還價，問自己可否代替失去的人。可否延遲事情發生？當憤怒和討價還價都改變不了事實之後，哀傷的人會跌進**第四個階段**的情緒幽谷。**最後一個階段**是哀傷的人接受事實，並重新投入正常的生活，這過程為期半年至兩年不定。

輔導哀傷的人，我們的角色是同行者，給予對方足夠的空間去哀哭。有時候，不需說太多的安慰話，只是默默陪伴，或聆聽對方便已足夠。

哀傷的人能對所失去的人作有意義的回顧是重要的，讓失去的人成為哀傷者生命的一部分，不是完全的失去，而是以另一種方式存在。或許在一些周年紀念日子，多陪伴哀傷者，給他訴說的機會，哀慟過後，仍可有歡笑。

Elizabeth Kubler-Ross：
上世紀六十年代的美國精神科醫師，著有 *On Death and Dying*，研究患上絕症人士的反應。

危機處理

「危機」這詞語有正反兩面的意思，「危」中有「機」，能夠跨越危機，可能是成長的契機。

簡單來說，危機是指處境或成長出現改變的因素，而當事人缺乏面對困難的能力，形成一種強烈的張力，令當事人跌入一種混亂和失衡的狀況，有明顯的無助感。容易產生危機的情況包括失業、失戀、親人自殺或遇上意外等。事實上，我們在報章看到不少新聞，如車禍、疾病、打鬥等，那些與事件有關的親友，也容易跌入危機的情況。

在日常生活中，親友有急事致電求助，也有不少是需要危機處理的。所以，掌握一些危機處理的原則是十分重要的：

1. 給予支持：缺乏支援是導致危機其中一個原因，透過約見、陪伴、聆聽，讓當事人抒發情緒，得到情感支持，都是危機處理的首要任務。

2. 回復狀態：處於危機的人情緒會混亂、缺乏判斷能力、不知自己的目標、頓失解決問題的能力。我們要儘快協助當事人平伏情緒，讓他回復正常生活，如飲食、自我照顧的習慣等。

3. 給予盼望：當事人處理危機時，感到無助與無望，甚至會產生自殺的念頭。所以輔導者要給予他盼望，當然不是那些虛假的安慰，而是合乎現實的盼望，例如惡劣情況可在何時得到改善的信息，可以向他表達。

4. 短期緊密的介入：一般輔導是一星期會面一次。在危機處理的情況時，這些常規可以打破，一星期多次，每次多過一小時的接觸，也是可以考慮的。面談的目標不是去發掘過去潛在或性格的問題，而是如何清除當前的壓力或危險的因素，動用不同的資源，幫助當事人渡過難關。有時候輔導者要採取主導的角色，以安定大局為主。

輔導者本身的人際網絡、輔助資訊都十分重要，他也要幫助當事人運用自己的資源，面對危機。「經一事長一智」，危機過後，也可以幫助當事人整理經驗，成為日後他人的參考。

後記：我信輔導

屈指一數，從修讀輔導到如今在神學院任教輔導，已經超過二十年，我可以説，我仍然相信輔導。

我信輔導可以提供一個空間，讓人自由探索自己的內心世界、面對自我，從而得到生命的更新。

我信輔導是一個神聖的任務，當受助者願意打開心扉，將最不為人知的事情向我們顯露，我們要對這份信任給予最神聖的看待。尊重受助者、不從這份關係中獲取一些不應得的報酬、不操控受助者，特別是在他們最脆弱、最信任我們的時候。

我信輔導是一個同行的過程，輔導者是一個先行者，他掌握受助者的心路歷程，所以在同行的時候，可以透過提問，引導受助者前行。在人生路上，我們也要不斷自我探索及成長。否則，我們就不能勝任作別人的生命嚮導，我信在這過程中，輔導者也會因幫助他人而有成長的機會。

我信輔導是有上帝的參與，當關上輔導室的門，室內除了輔導者與受助者，上帝也臨在這斗室，見證雙方的對話，祂也不忍受助者困於痛苦之中，祂希望受助者的心靈得到釋放。我信上帝可藉着基督徒輔導員作提醒、引導或給予特別的洞見；在一些輔導進程的「死胡同」中，給予我們「柳暗花明又一村」的出路。我信輔導員要盡其所學，以專業輔導技巧幫助受助者，但最終叫人改變的，是上帝在人內心的工作，祂也會藉着「萬事互相效力」，改變受助者的際遇，帶來生命的轉變。

我信輔導不是萬能，不是所有問題都可以透過輔導得到解決，特別是一些人際關係和婚姻的問題。在互動因素的限制下，受助者也要接受事情沒有完美的結局；有些人會選擇沉溺於問題之中，他也要承受自己抉擇的後果。

無論如何，**我仍然相信輔導**，雖然有時會心力交瘁，它仍然給我最大的滿足，且能見證上帝在人生命中的改變和工作。

參考書目

中文書目：

林孟平（1998）:《輔導與心理治療》(九版)。香港：商務印書館。

區祥江（2008）:《生命軌迹——13個助人自助的成長關鍵》(增訂版)。香港：突破出版社。

區祥江（2008）:《啟動羣體生命力——小組訓練 10 課》。香港：突破出版社。

區祥江（2007）:《婚前輔導 DIY》。香港：天道出版社。

區祥江（2005）:《輔導迷室》。香港：突破出版社。

吳蘭玉（1990）:《小組動力》。香港：證道出版社。

黃惠惠（1998）:《助人歷程與技巧》(增訂版)。台北：張老師文化事業股份有限公司。

Corey, Gerald 原著、李茂興譯（1996）:《諮商與心理治療的理論與實務》。台北：揚智文化事業股份有限公司。

Egan, Gerard 原著、曾瑞真審訂、鍾瑞麗譯（2004）:《助人歷程與技巧：有效能的助人者》。台北：雙葉書廊有限公司。

英文書目：

Corey, M. S. & Corey, G.(1989). *Becoming a Helper*. Monterey, CA: Brooks / Cole Publishing.

Egan, Gerard (2001). *The Skilled Helper: A Problem Management and Opportunity Development Approach to Helping*(7th ed.). Monterey, CA: Brooks / Cole Publishing.

Jacobs, E. E., Harvill, R. L., & Masson, R. L.(2006). *Groups Counselling: Strategies and Skills* (5th ed.). Pacific Groves, CA: Brooks / Cole Publishing. pp. 374-392.

Karen Horney (2013). *Self-Analysis*. New York: W. W. Norton & Company.

William Stewart (1998). *Self-counselling: How to Develop the Skills to Positively Manage Your Life*. Oxford: How To Books.

Yalom, I. D.(2002). *The Gift of Therapy*. New York: HarperCollins.

心理與栽培系列最新書目

生活與輔導

書名	作者
誰偷走了我的快樂——應對負面情緒自助手冊	湯國鈞、李靜慧、李智群
邊個想返工——拆解職場新丁 49 道難題	伍詠光、林峰等
下流世代的上流生活	吳渭濱、區祥江
會哭才是真男人	曾立煌、區祥江
我要真關係——在人際中解結與成長	區祥江
無朋友	周偉豪、廖暉清等
勇敢做自己	伍詠光
婚姻，你真的懂？	上官賢恩、蔡元雲等
情難捨——為誰而愛，為何相分？	霍玉蓮
改寫未來的 9 種生存力	區祥江、周偉豪、區穎珩
工，唔係咁打！	伍詠光
情緒有益	李兆康、區祥江
幸福的實踐——婚姻輔導解構	黃麗彰
總有一次失戀	馬妙如、區祥江等
化解婚姻中的 13 種危機	區祥江
戀愛出事的理由	伍詠光
兒童及青少年心理個案——專家會診及治療	羅健文
100 分情人必修課	溫淑芳
饒恕果真如此輕易	霍玉蓮等
發現家庭復原力	羅健文
愛在點滴親和間——九型人格親密關係新啟示	霍玉蓮
完美筍工	羅拔・畢拿
論斷太多，判斷太少？	泰利・谷巴
想你唔賭——助人自助戒賭輔導	鄧耀祖、陳佩思等
喜樂工程——以正向心理學打造幸福人生	湯國鈞、姚穎詩、邱敏儀
快樂軌迹——10 個正向心理學的生活智慧	區祥江
婚之恩・分之痛	李耀全、黃麗彰、陳維樑等
活着，痛而不苦	溫帶維、湯國鈞、呂大樂等
你有用腦投資嗎？	區祥江